El arte y la ciencia del

Marketing

Cómo destacar en un mercado abarrotado

Si bien se han tomado todas las precauciones en la preparación de este libro, el editor no asume ninguna responsabilidad por errores u omisiones, o por daños resultantes del uso de la información contenida en este documento.

El arte y la ciencia del marketing
Segunda Edición: 18 de abril de 2024
Derechos de autor © 2024 Walid Mahroum

Acerca de este libro

Bienvenido a El Arte y la Ciencia del Marketing, una guía completa para el campo activo y en evolución del marketing. Este libro explora las últimas tendencias, estrategias y técnicas utilizadas por las empresas para crear, entregar y promocionar productos o servicios a los clientes en el acelerado panorama digital actual.

Con un enfoque tanto en el arte como en la ciencia del marketing, examinamos la importancia de comprender las necesidades y preferencias de los clientes y desarrollar estrategias efectivas para satisfacer esas necesidades.

Desde el marketing en redes sociales hasta la creación de contenido, la publicidad y el análisis de datos, cubrimos todos los aspectos del marketing y brindamos consejos prácticos e información para las empresas que buscan mantenerse a la vanguardia.

A medida que el marketing continúa evolucionando y adaptándose a los cambios en la tecnología, el comportamiento del consumidor y las tendencias del mercado, las empresas deben ser estratégicas y centradas en su enfoque.

Descubrimos los diversos canales y plataformas disponibles, tanto tradicionales como digitales, y brindamos orientación para encontrar el equilibrio adecuado para llegar a una amplia audiencia y construir una marca sólida.

Otro aspecto clave del marketing es la participación del cliente, y profundizamos en la importancia de crear una experiencia personalizada que responda a las necesidades e intereses de los clientes.
Discutimos cómo construir relaciones que van más allá de una simple transacción puede conducir al éxito a largo plazo y a la lealtad a la marca.

El objetivo del marketing es crear valor tanto para el cliente como para la empresa. A través de las ideas y los consejos prácticos proporcionados en este libro, las empresas de todos los tamaños pueden desarrollar estrategias de marketing efectivas y construir marcas sólidas que logren el éxito a largo plazo.

Capítulo 1

Introducción al Marketing

Introducción al Marketing

El marketing es un campo complejo que implica una amplia gama de actividades, estrategias y técnicas para crear, entregar y promocionar productos o servicios a los clientes. En esencia, el marketing consiste en comprender las necesidades y deseos de los clientes y desarrollar formas efectivas de satisfacer esas necesidades a través de mensajes y publicidad dirigidos.

A lo largo de los años, el marketing ha evolucionado y se ha transformado, adaptándose a los cambios en la tecnología, el comportamiento del consumidor y las tendencias del mercado. Hoy en día, el marketing es más importante que nunca, ya que las empresas de todos los tamaños se esfuerzan por seguir siendo competitivas en un panorama acelerado y en constante cambio.

Uno de los cambios más significativos en el marketing en los últimos años ha sido el auge de los medios digitales. Desde las plataformas de redes sociales hasta los motores de búsqueda y las aplicaciones móviles, el mundo digital ha creado nuevas oportunidades y desafíos para los profesionales del marketing. Con más canales y plataformas que nunca, las empresas deben ser estratégicas y centradas en su enfoque del marketing digital.

Al mismo tiempo, los métodos de marketing tradicionales, como los anuncios impresos, las vallas publicitarias y los anuncios de televisión, siguen teniendo su lugar en la mezcla de marketing. Encontrar el equilibrio adecuado entre el marketing tradicional y el digital es esencial para llegar a un público amplio y construir una marca sólida.

Otro aspecto clave del marketing es el compromiso con el cliente. En el mundo actual, los clientes buscan algo más que un producto o servicio: quieren comprometerse con la marca a un nivel más profundo. Esto significa crear una experiencia personalizada que responda a sus necesidades e intereses, y construir relaciones que vayan más allá de una simple transacción.

En última instancia, el objetivo del marketing es crear valor tanto para el cliente como para la empresa. Al comprender las necesidades y preferencias de los clientes, y desarrollar estrategias efectivas para satisfacer esas necesidades, las empresas pueden construir marcas sólidas y lograr el éxito a largo plazo.

En este libro, viajaremos por el mundo del marketing y los medios de comunicación, examinando las últimas tendencias, estrategias y técnicas utilizadas por las empresas para interactuar con los clientes y construir marcas exitosas. Desde el marketing en redes sociales hasta la creación de contenido, la publicidad y el análisis de datos, cubriremos todos los aspectos del marketing y brindaremos consejos prácticos e información para las empresas que buscan mantenerse a la vanguardia.

Creación de valor y compromiso con el cliente

En el panorama empresarial altamente competitivo de hoy en día, la creación de valor y compromiso con el cliente se ha vuelto más crítica que nunca. Los consumidores tienen más opciones que nunca y sus expectativas han evolucionado significativamente. Exigen experiencias personalizadas, interacciones fluidas y una buena relación calidad-precio. En este capítulo, descubriremos la importancia de crear valor y compromiso con el cliente y proporcionaremos algunas estrategias prácticas que las empresas modernas pueden utilizar para lograr estos objetivos.

La importancia de crear valor y compromiso con el cliente

Crear valor y compromiso con el cliente es crucial por numerosas razones. En primer lugar, ayuda a las empresas a diferenciarse de sus competidores. Cuando los clientes perciben un valor más alto en una marca o producto en particular, es más probable que lo elijan sobre otros, incluso si es un poco más caro. Cuando los clientes se sienten comprometidos con una marca, es más probable que permanezcan leales y repitan sus compras.

En segundo lugar, la creación de valor y compromiso con el cliente puede ayudar a las empresas a aumentar su rentabilidad. Cuando los clientes se sienten satisfechos con sus interacciones y experiencias con una marca, es más probable que gasten más dinero y hagan recomendaciones a otros. Esto puede conducir a un aumento de los ingresos y las ganancias.

En tercer lugar, la creación de valor y compromiso con el cliente es esencial para las empresas que quieren seguir siendo relevantes y sostenibles a largo plazo. A medida que las expectativas de los consumidores continúan evolucionando, las empresas que no logran mantenerse al día corren el riesgo de perder su base de clientes frente a competidores más innovadores y centrados en el cliente.

Estrategias para crear valor y compromiso con el cliente

Hay más de unas pocas estrategias que las empresas pueden utilizar para crear valor y compromiso con el cliente. Entre ellas se encuentran:

Personalización: La personalización implica adaptar productos, servicios y experiencias para satisfacer las necesidades y preferencias únicas de los clientes individuales. Esto se puede lograr a través del analisis de datos, que permite a las empresas recopilar y analizar los datos de los clientes para obtener informacion sobre sus comportamientos y preferencias.

La personalización puede ayudar a crear una conexión más emocional entre los clientes y las marcas, lo que lleva a un mayor compromiso y lealtad.

Experiencia omnicanal sin fisuras: Los consumidores de hoy en día esperan experiencias fluidas y coherentes en todos los puntos de contacto, ya sea en línea, fuera de línea o en persona. Las empresas deben asegurarse de proporcionar una experiencia omnicanal fluida que integre todos los puntos de contacto para crear una experiencia cohesiva y conveniente para los clientes.

Excelencia en el servicio al cliente: La excelencia en el servicio al cliente es fundamental para crear valor y compromiso con el cliente. Las empresas deben invertir en formación y tecnologías de servicio al cliente que les permitan responder de forma rápida y eficaz a las consultas y quejas de los clientes.

Mejora continua: La mejora continua implica revisar y analizar regularmente los comentarios de los clientes para identificar las áreas en las que las empresas pueden mejorar sus productos, servicios y experiencias. Al mejorar continuamente, las empresas pueden seguir siendo relevantes y satisfacer las necesidades y expectativas cambiantes de sus clientes.

Responsabilidad social: La responsabilidad social implica demostrar un compromiso con las causas sociales y ambientales. Hoy en día, es más probable que los clientes apoyen a las empresas que demuestran un compromiso para tener un impacto positivo en la sociedad y el medio ambiente.

Empresa y estrategia de marketing

Construyendo una base sólida para el éxito empresarial

Toda empresa exitosa sabe que una estrategia de marketing sólida es crucial para lograr el éxito a largo plazo. Sin una comprensión clara de su mercado objetivo, competidores y propuesta de valor única, su negocio tendrá dificultades para prosperar en un mercado abarrotado. En este capítulo, hablaremos de la importancia de la empresa y de la estrategia de marketing, y proporcionaremos consejos para construir una base sólida para tu negocio.

¿Qué es una empresa y una estrategia de marketing?

En pocas palabras, una estrategia de empresa y marketing es un plan que describe cómo su negocio logrará sus objetivos. Incluye todo, desde la identificación de su público objetivo y la definición de su propuesta de valor única hasta el desarrollo de su identidad de marca y la creación de un plan de marketing que llegue a sus clientes ideales.

Su empresa y su estrategia de marketing deben basarse en un profundo conocimiento de su mercado objetivo. Esto significa recopilar información sobre sus necesidades, deseos, puntos débiles y comportamientos, así como sobre el panorama competitivo.

Armado con este conocimiento, puede crear una estrategia de marketing que resuene con su audiencia y lo diferencie de la competencia.

¿Por qué es importante la empresa y la estrategia de marketing?

Sin una empresa sólida y una estrategia de marketing, es probable que su negocio tenga dificultades a largo plazo.

Estas son solo algunas de las razones:

- Te ayuda a diferenciarte de la competencia: Con tantas empresas compitiendo por la atención de los clientes, es crucial tener una propuesta de valor única que te diferencie de la competencia. Una empresa clara y una estrategia de marketing pueden ayudarte a definir qué hace que tu negocio sea único y a comunicarlo a tu público objetivo.

- Proporciona una hoja de ruta para el éxito: Una empresa y una estrategia de marketing bien desarrolladas proporcionan una hoja de ruta para lograr sus objetivos comerciales. Describe los pasos que debe seguir para llegar a su público objetivo, construir su marca y hacer crecer su negocio.

- Te ayuda a mantenerte enfocado: Con una empresa y una estrategia de marketing claras, puedes mantenerte enfocado en lo que más importa: brindar valor a tus clientes. Garantiza que todos sus esfuerzos de marketing estén alineados con sus objetivos comerciales y lo ayuda a evitar perder tiempo y recursos en tácticas ineficaces.

Consejos para construir una empresa sólida y una estrategia de marketing

Ahora que hemos cubierto la importancia de una empresa y una estrategia de marketing, profundicemos en algunos consejos para construir una base sólida para su negocio:

Define tu público objetivo: El primer paso para construir una empresa sólida y una estrategia de marketing es definir tu público objetivo. Esto incluye la recopilación de información sobre sus datos demográficos, intereses, comportamientos y puntos débiles. Con esta información, puedes crear mensajes y campañas de marketing que resuenen con tus clientes ideales.

Desarrollar una propuesta de valor única

Tu propuesta de valor única es lo que te diferencia de la competencia. Es la razón por la que los clientes deben elegir su negocio sobre otros. Tómese el tiempo para desarrollar una propuesta de valor clara y convincente que resuene con su público objetivo.

Crea un plan de marketing: Una vez que hayas definido tu público objetivo y tu propuesta de valor única, es hora de crear un plan de marketing que llegue a tus clientes ideales. Esto incluye la selección de los canales adecuados (por ejemplo, redes sociales, marketing por correo electrónico, publicidad pagada), el desarrollo de mensajes y activos creativos, y el seguimiento y análisis de sus resultados.

Mantente ágil: El mundo de los negocios está en constante cambio, y es importante mantenerse ágil y adaptable para tener éxito. Esté abierto a probar nuevos canales de marketing, mensajes y tácticas, y utilice los datos para informar sus decisiones.

Análisis del entorno de marketing

El marketing es un aspecto esencial de todo negocio, y para tener éxito, una empresa debe tener una comprensión clara del entorno de marketing en el que opera. El entorno de marketing consiste en todos los factores externos que influyen en la capacidad de una empresa para conectarse con sus clientes objetivo y lograr sus objetivos comerciales.

Estos factores externos incluyen factores económicos, sociales, tecnológicos, políticos y legales. Analizar el entorno de marketing es crucial porque ayuda a las empresas a identificar oportunidades y amenazas, ajustar sus estrategias de marketing y mejorar su ventaja competitiva.

Los factores económicos son impulsores críticos del entorno de marketing. El estado de la economía, las tasas de interés y las tasas de inflación son ejemplos de factores económicos que pueden afectar significativamente el comportamiento y el poder adquisitivo del consumidor.

Una economía próspera suele ser beneficiosa para la mayoría de las empresas, pero una recesión económica puede tener un impacto grave en el gasto de los consumidores, lo que se traduce en una disminución de las ventas y los ingresos de las empresas. Es esencial que las empresas monitoreen los indicadores economicos y ajusten sus estrategias de marketing en consecuencia.

Los factores sociales son otro componente crítico del entorno de marketing. Los factores sociales incluyen los valores culturales, las tendencias sociales y la demografía. Comprender las normas y valores culturales del público objetivo es esencial para desarrollar campañas de marketing efectivas que resuenen en los consumidores.

Las tendencias sociales, como el creciente énfasis en la salud y el bienestar, pueden presentar oportunidades para que las empresas creen productos y servicios que se alineen con estas tendencias. Los datos demográficos, como la edad, el sexo y los ingresos, también pueden influir en el comportamiento y las preferencias de los consumidores, proporcionando a las empresas información valiosa sobre su público objetivo.

Los factores tecnológicos están evolucionando rápidamente y tienen un impacto significativo en el entorno del marketing. El auge de Internet y las redes sociales ha transformado la forma en que las empresas se conectan con sus clientes. Ha abierto nuevos canales para el marketing, como la publicidad en línea y el marketing en redes sociales.

El creciente uso de dispositivos móviles también ha creado nuevas oportunidades para que las empresas lleguen a los consumidores a través de estrategias de marketing móvil. Comprender los últimos desarrollos y tendencias tecnológicas puede proporcionar a las empresas una ventaja competitiva en el mercado.

Los factores políticos y legales también pueden afectar el entorno de marketing. Las regulaciones y políticas gubernamentales, como las leyes de protección al consumidor, pueden afectar la forma en que las empresas operan y comercializan sus productos y servicios.

Los cambios en las regulaciones pueden tener un impacto significativo en las empresas, y es crucial que las empresas se mantengan informadas sobre cualquier cambio en la legislación que pueda afectar sus estrategias de marketing.

Gestión de la información de marketing

Cómo tomar decisiones empresariales informadas

En la era digital actual, las empresas están inundadas de datos e información de diversas fuentes. Sin embargo, tener acceso a grandes cantidades de información no equivale necesariamente a tener información valiosa. Sin una gestión y un análisis adecuados, los datos pueden ser abrumadores e ineficaces a la hora de tomar decisiones empresariales.

La gestión de la información de marketing es fundamental para desarrollar estrategias de marketing eficaces que satisfagan las necesidades de los clientes e impulsen el crecimiento del negocio. En este capítulo, hablaremos de la importancia de gestionar la información de marketing, los retos a los que se enfrentan las empresas y las estrategias para tomar decisiones empresariales informadas.

Importancia de la gestión de la información de marketing La información de marketing se refiere a los datos y conocimientos que ayudan a las empresas a comprender a sus clientes, competidores y el entorno general del mercado. La gestión de la información de marketing implica la recopilación, el análisis y la interpretación de datos para tomar decisiones empresariales informadas.

La gestión eficaz de la información de marketing ayuda a las empresas a identificar las necesidades y preferencias de los clientes, realizar un seguimiento de las tendencias del sector y tomar decisiones basadas en datos que conduzcan a campañas de marketing exitosas. También ayuda a las empresas a mejorar la satisfacción del cliente, aumentar las ventas y obtener una ventaja competitiva.

Desafíos en la gestión de la información de marketing La gestión de la información de marketing no está exenta de desafíos. Uno de los mayores retos a los que se enfrentan las empresas es la sobrecarga de datos. Con tanta información disponible, puede ser difícil determinar qué puntos de datos son relevantes y cuáles no.

Otro reto es la precisión de los datos. Los datos pueden ser inexactos debido a varias razones, incluido el error humano o la información desactualizada. Los datos inexactos pueden llevar a conclusiones incorrectas y decisiones comerciales equivocadas.

Por último, las empresas pueden tener dificultades con la integración de datos. La información de marketing puede provenir de varias fuentes, incluidas las redes sociales, las campañas de marketing por correo electrónico y las encuestas a los clientes. La integración de datos de diferentes fuentes puede ser un desafío, ya que las empresas deben asegurarse de que los datos sean compatibles y consistentes.

Estrategias para una gestión eficaz de la información de marketing

Para superar los desafíos de la gestion de informacion de marketing, las empresas pueden implementar las siguientes estrategias.

- Definir el objetivo: El primer paso en la gestión de la información de marketing es definir el objetivo. Las empresas deben identificar lo que quieren lograr con los datos que recopilan. Esto ayuda a las empresas a centrar sus esfuerzos y recopilar datos que sean relevantes para sus objetivos.

- Identificar las fuentes de datos relevantes: Una vez definido el objetivo, las empresas deben identificar las fuentes de datos relevantes. Esto incluye fuentes como plataformas de redes sociales, encuestas a clientes, análisis de sitios web y datos de ventas. Al identificar las fuentes de datos relevantes, las empresas pueden recopilar información específica para sus necesidades.

- Garantizar la precisión de los datos: La precisión de los datos es fundamental para tomar decisiones empresariales informadas. Las empresas pueden garantizar la exactitud de los datos mediante el uso de técnicas de validación de datos, como la verificación de doble entrada o la limpieza automatizada de datos.

- Utilice herramientas de análisis de datos: Las herramientas de análisis de datos ayudan a las empresas a analizar e interpretar los datos de manera efectiva. Estas herramientas pueden identificar patrones y tendencias que pueden no ser evidentes a través del análisis manual. También pueden proporcionar representaciones visuales de los datos que son fáciles de entender.

- Desarrollar un plan de gestión de datos: Un plan de gestión de datos describe los procedimientos y protocolos para recopilar, analizar e interpretar datos. Este plan garantiza que las empresas tengan un proceso estandarizado para administrar la información de marketing.

Capítulo 2

Comprender el comportamiento de los consumidores y compradores comerciales

Comprender el comportamiento de los consumidores y compradores comerciales

El comportamiento de los consumidores y compradores comerciales es un aspecto crucial del marketing. Los profesionales del marketing deben comprender cómo los consumidores y las empresas toman sus decisiones de compra y qué factores influyen en su comportamiento. En este capítulo, buscaremos los conceptos y factores clave que influyen en el comportamiento de los consumidores y compradores comerciales.

Comportamiento del consumidor

El comportamiento del consumidor se refiere a las acciones y decisiones que toman las personas cuando compran bienes o servicios para su uso personal. Una serie de factores, como los culturales, sociales, personales y psicológicos, pueden influir en el comportamiento del consumidor.

- Los factores culturales son los valores, creencias y costumbres que influyen en el comportamiento. Por ejemplo, las diferentes culturas tienen diferentes actitudes hacia el tiempo, el dinero y el ocio, lo que puede influir en su comportamiento de compra.

- Los factores sociales se refieren a los grupos, redes e influencias sociales que pueden afectar el comportamiento. Por ejemplo, la familia, los amigos y los grupos de referencia pueden influir en las decisiones de compra de un consumidor.

- Los factores personales son características individuales que pueden afectar el comportamiento. Estos incluyen factores como la edad, el sexo, los ingresos, la educación y el estilo de vida.

- Los factores psicológicos son los procesos internos que influyen en el comportamiento, como la motivación, la percepción, el aprendizaje y las actitudes.

Comportamiento del comprador commercial

El comportamiento del comprador empresarial se refiere a las acciones y decisiones que toman las organizaciones cuando compran bienes o servicios para sus operaciones. El comportamiento del comprador empresarial suele ser más complejo que el comportamiento del consumidor, ya que implica múltiples tomadores de decisiones y un proceso de compra más largo.

El proceso de compra para las empresas suele implicar cinco etapas: reconocimiento del problema, búsqueda de información, evaluación de alternativas, decisión de compra y evaluación posterior a la compra.

Los compradores de negocios suelen ser más racionales y analíticos en su toma de decisiones que los consumidores individuales.

Los factores que influyen en el comportamiento del comprador de negocios incluyen la cultura, la estructura y los sistemas organizacionales, así como las características personales de las personas involucradas en el proceso de toma de decisiones.

El riesgo percibido de la compra y el impacto potencial en las operaciones de la organización también son factores importantes.

Estrategia de marketing basada en el valor del cliente

En el mercado acelerado y competitivo de hoy en día, se ha vuelto más importante que nunca que las empresas se centren en el valor para el cliente. Una estrategia de marketing basada en el valor del cliente es aquella que coloca al cliente en el centro de todos los esfuerzos de marketing, buscando crear y ofrecer un valor superior a los clientes de manera consistente.

Este enfoque es esencial para construir y mantener una marca sólida, aumentar la lealtad de los clientes y, en última instancia, impulsar el éxito a largo plazo.

Estos son algunos elementos clave de una estrategia de marketing basada en el valor del cliente:

Comprender las necesidades y deseos de los clients

Para crear valor para los clientes, las empresas deben comprender sus necesidades y deseos. Esto significa realizar estudios de mercado, analizar los datos de los clientes y recopilar comentarios con regularidad para identificar lo que buscan los clientes y cómo perciben los productos o servicios de la empresa.

Al comprender las necesidades y deseos de los clientes, las empresas pueden adaptar sus esfuerzos de marketing para transmitir el mensaje correcto a la audiencia adecuada y brindar una experiencia personalizada al cliente.

Diferenciación

Otro elemento clave de una estrategia de marketing basada en el valor del cliente es la diferenciación. Las empresas deben identificar qué las diferencia de la competencia e influir en esa diferenciación para crear valor para los clientes. Esto se puede lograr ofreciendo características únicas del producto, brindando un servicio al cliente superior o adoptando enfoques de marketing innovadores.

Comunicación

La comunicación efectiva es fundamental para crear y entregar valor al cliente. Las empresas deben desarrollar una estrategia de mensajes clara y coherente que resuene con su público objetivo. Este mensaje debe centrarse en los beneficios y el valor que la empresa proporciona a los clientes, en lugar de solo en las características de sus productos o servicios.

Precios

La fijación de precios es otro elemento esencial de una estrategia de marketing basada en el valor del cliente. Las empresas deben asegurarse de que su estrategia de precios se alinee con el valor que ofrecen a los clientes.

Los clientes están dispuestos a pagar más por productos o servicios que proporcionen un valor superior, pero las empresas también deben asegurarse de que sus precios sigan siendo competitivos en el mercado.

Mejora continua

Por último, una estrategia de marketing basada en el valor del cliente requiere una mejora continua. Las empresas deben evaluar constantemente sus esfuerzos de marketing, analizar los comentarios de los clientes y ajustar su enfoque según sea necesario para asegurarse de que están entregando el máximo valor a los clientes.

Importancia de los mercados, las audiencias y la segmentación

En el mundo actual del marketing, es crucial comprender la importancia de los mercados, las audiencias y la segmentación. Estos conceptos ayudan a las empresas a adaptar sus productos y servicios a grupos específicos de personas, lo que les permite llegar a su público objetivo de manera más efectiva.

Echemos un vistazo más de cerca a cada uno de estos conceptos y cómo pueden ayudar a que su negocio tenga éxito.

Mercados

Los mercados son grupos de personas u organizaciones que están interesadas en un producto o servicio en particular. Los mercados se pueden dividir en segmentos, que son subgrupos de personas u organizaciones dentro de un mercado.

Por ejemplo, el mercado automotriz se puede segmentar en grupos como compradores de automóviles de lujo, compradores de automóviles económicos y compradores de automóviles eléctricos. Al comprender estos segmentos, las empresas pueden crear campañas de marketing dirigidas que atraigan los intereses y necesidades específicas de cada grupo.

Audiencias

Las audiencias se refieren a las personas u organizaciones a las que se dirige una campaña de marketing en particular. Las audiencias pueden ser amplias o estrechas, dependiendo del producto o servicio que se ofrezca. Por ejemplo, una empresa que vende juguetes para niños puede dirigirse a padres con niños pequeños como público. Por el contrario, una empresa que vende autos deportivos de alta gama puede dirigirse a personas adineradas apasionadas por los vehículos de lujo.

Segmentación

La segmentación es el proceso de dividir un mercado en grupos más pequeños en función de características o comportamientos similares. Al segmentar un mercado, las empresas pueden adaptar sus campañas de marketing a las necesidades e intereses específicos de cada grupo. Por ejemplo, una empresa que vende equipos de fitness puede segmentar su mercado en grupos como adultos jóvenes, personas de mediana edad y personas mayores.

Cada grupo puede tener diferentes objetivos de acondicionamiento físico, por lo que la empresa crearía campañas de marketing específicas que atraigan las necesidades e intereses específicos de cada grupo.

¿Por qué son importantes los mercados, las audiencias y la segmentación?

Comprender los mercados, las audiencias y la segmentación es esencial para las empresas porque les ayuda a crear campañas de marketing más efectivas.

Al dirigirse a grupos específicos de personas con mensajes de marketing personalizados, las empresas pueden aumentar sus posibilidades de llegar a su público objetivo e impulsar las ventas.

La segmentación puede ayudar a las empresas a identificar nuevas oportunidades dentro de sus mercados y ajustar sus productos o servicios en consecuencia.

Por ejemplo, una empresa que vende equipos para actividades al aire libre puede segmentar su mercado e identificar a un grupo de personas que disfrutan de acampar pero tienen una experiencia limitada al aire libre.

A continuación, la empresa podría crear una campaña de marketing dirigida que se centre en el equipo y los consejos para acampar para principiantes, lo que ayudaría a atraer a este nuevo público a sus productos.

Capítulo 3

Conceptos básicos de publicidad

Conceptos básicos de publicidad

La publicidad es un aspecto esencial del marketing moderno. Implica la creación y distribución de mensajes sobre productos y servicios a audiencias objetivo a través de varios canales de medios.

El objetivo de la publicidad es aumentar el conocimiento de la marca, generar clientes potenciales e impulsar las ventas. En este capítulo, discutiremos los conceptos básicos de la publicidad y cómo puede beneficiar a las empresas de todos los tamaños.

Métodos de publicidad
Hay muchas formas de publicitar productos y servicios.

Algunos de los métodos publicitarios más populares incluyen:

Publicidad impresa
Este método consiste en colocar anuncios en periódicos, revistas, folletos y otros materiales impresos.

Publicidad de difusión
Este método consiste en crear anuncios para anuncios de radio y televisión.

Publicidad Exterior
Este método consiste en colocar anuncios en vallas publicitarias, autobuses y otras estructuras al aire libre.

Publicidad en línea
Este método implica la creación de anuncios para sitios web, redes sociales y otras plataformas digitales.

Publicidad por correo directo

Este método consiste en enviar piezas de correo físico, como postales, folletos y catálogos, a clientes potenciales.

Beneficios de la publicidad

La publicidad ofrece numerosos beneficios a las empresas, entre ellos:

- **Aumento del conocimiento de la marca**

La publicidad ayuda a las empresas a llegar a un público más amplio y a crear reconocimiento de marca, lo que puede conducir a una mayor lealtad de los clientes.

- **Mejora de las ventas**

Al promocionar productos y servicios, la publicidad puede ayudar a las empresas a generar clientes potenciales y aumentar las ventas.

- **Ventaja competitiva**

La publicidad puede dar a las empresas una ventaja competitiva al diferenciar su marca de la competencia.

- **Aumento de la participación del cliente**

Al crear anuncios atractivos, las empresas pueden atraer a los clientes y construir una relación sólida con ellos.

- **Rentable**

La publicidad puede ser rentable en comparación con otros métodos de marketing, como ferias comerciales y eventos.

Estrategias publicitarias efectivas

Para crear publicidad efectiva, las empresas deben desarrollar una estrategia publicitaria clara que incluya los siguientes elementos:

1. **Público objetivo**

Identifique el público objetivo del anuncio y adapte el mensaje a sus necesidades y preferencias.

2. **Propuesta de venta única**

Define la propuesta única de venta (USP) del producto o servicio y resáltala en el anuncio.

3. **Llamado a la acción**

Incluye una llamada a la acción (CTA) clara que anime al público objetivo a realizar una acción, como visitar un sitio web o realizar una compra.

4. **Consistencia**

 Asegúrese de que el mensaje y la marca sean coherentes en todos los canales publicitarios.

5. **Analítica**

Mida el éxito de la campaña publicitaria mediante el seguimiento de métricas, como las tasas de clics y las conversiones.

Proceso de Comunicación Publicitaria

Cómo los profesionales del marketing llegan a su público objetivo

La publicidad es una parte esencial de cualquier estrategia de marketing. Permite a las empresas llegar a su público objetivo y comunicar el valor de sus productos o servicios. Sin embargo, la publicidad no es tan simple como crear un eslogan pegadizo o una imagen impresionante.

En cambio, implica un proceso complejo que implica comprender al público objetivo, crear un mensaje que resuene con ellos y transmitir ese mensaje a través de varios canales de medios.

En este capítulo, discutiremos el proceso de comunicación publicitaria en detalle y cómo los especialistas en marketing pueden usarlo para crear campañas publicitarias efectivas.

Paso 1: Identificar el público objetivo

El primer paso en el proceso de comunicación publicitaria es identificar el público objetivo. Esto implica comprender a quién está destinado el producto o servicio, sus datos demográficos, intereses y comportamientos. Esta información es crucial para crear un mensaje que resuene con el público objetivo y lo anime a actuar.

Por ejemplo, si el producto está dirigido a mujeres de entre 25 y 35 años que están interesadas en la salud y el estado físico, el mensaje debe centrarse en los beneficios para la salud del producto y en cómo puede ayudarlas a alcanzar sus objetivos de acondicionamiento físico.

Paso 2: Definir el objetivo publicitario

Una vez identificado el público objetivo, el siguiente paso es definir el objetivo publicitario. Esto implica decidir qué pretende lograr la campaña publicitaria, ya sea aumentar el conocimiento de la marca, generar clientes potenciales o impulsar las ventas. El objetivo publicitario debe ser específico, medible y alcanzable para garantizar que la campaña sea efectiva.

Paso 3: Desarrollar el mensaje publicitario

Teniendo en cuenta el público objetivo y el objetivo publicitario, el siguiente paso es desarrollar el mensaje publicitario. Esto implica crear un mensaje que resuene con el público objetivo y comunique el valor del producto o servicio.

El mensaje debe ser conciso, claro y convincente, y debe resaltar los puntos de venta únicos del producto o servicio. También debe estar alineado con los valores y el tono de voz de la marca para garantizar la coherencia en todos los canales de marketing.

Paso 4: Elige los canales de medios

Una vez que se ha desarrollado el mensaje publicitario, el siguiente paso es elegir los canales de medios que se utilizarán para transmitir el mensaje. Esto puede incluir canales de medios tradicionales como la televisión, la radio y la prensa, así como canales digitales como las redes sociales, el correo electrónico y la publicidad gráfica.

La elección de los canales de comunicación dependerá del público objetivo y del objetivo publicitario, así como del presupuesto disponible para la campaña.

Paso 5: Implementar la campaña publicitaria

Con el mensaje publicitario y los canales de medios en marcha, el siguiente paso es implementar la campaña publicitaria. Esto implica crear los materiales publicitarios, como textos publicitarios, imágenes y vídeos, y entregarlos a través de los canales de medios elegidos.

Es importante supervisar el rendimiento de la campaña con regularidad y realizar los ajustes necesarios para asegurarse de que está logrando el objetivo publicitario.

Paso 6: Evaluar la campaña publicitaria

El último paso en el proceso de comunicación publicitaria es evaluar el rendimiento de la campaña publicitaria. Esto implica analizar los resultados de la campaña, como el alcance, el compromiso y las conversiones, y compararlos con el objetivo publicitario.

Esta información se puede utilizar para mejorar futuras campañas publicitarias y hacerlas más efectivas.
El proceso de comunicación publicitaria es una parte compleja pero esencial de cualquier estrategia de marketing.

Al comprender el público objetivo, definir el objetivo publicitario, desarrollar el mensaje publicitario, elegir los canales de medios, implementar la campaña publicitaria y evaluar su rendimiento, los especialistas en marketing pueden crear campañas publicitarias efectivas que lleguen a su público objetivo y comuniquen el valor de sus productos o servicios.

Principales corrientes y tipos de publicidad

La publicidad se ha convertido en una parte integral de nuestras vidas, y las empresas utilizan diversos medios para promocionar sus productos y servicios. La publicidad se puede definir como la práctica de promocionar un producto, servicio o marca a través de diversos medios para llegar a un público objetivo. En este capítulo, discutiremos las principales corrientes y tipos de publicidad.

Las principales corrientes de publicidad se pueden dividir en tres categorías: publicidad tradicional, publicidad digital y publicidad en redes sociales.

La publicidad tradicional incluye todas las formas de publicidad que han existido durante mucho tiempo. Esto incluye anuncios impresos en periódicos y revistas, comerciales de radio y televisión, vallas publicitarias y correo directo. La publicidad tradicional sigue siendo popular, pero con el auge de la publicidad digital, se ha vuelto menos dominante.

La publicidad digital es una forma más nueva de publicidad que incluye todo tipo de publicidad que utiliza canales digitales como Internet, dispositivos móviles y plataformas de redes sociales. La publicidad digital incluye el marketing en motores de búsqueda, los anuncios gráficos, los anuncios de vídeo, los anuncios en las redes sociales y los anuncios móviles.

La publicidad digital se ha vuelto cada vez más popular debido a su capacidad para dirigirse a audiencias específicas y su rentabilidad.

La publicidad en redes sociales es un tipo de publicidad digital que utiliza plataformas de redes sociales como Facebook, Twitter e Instagram para promocionar productos y servicios. La publicidad en las redes sociales incluye publicaciones patrocinadas, marketing de influencers y anuncios pagados en las redes sociales.

La publicidad en las redes sociales se ha vuelto cada vez más popular debido a las grandes audiencias a las que se puede llegar y la capacidad de dirigirse a grupos demográficos específicos.

En cuanto a los tipos de publicidad, las empresas pueden adoptar diferentes enfoques. Entre ellas se encuentran:

1. Publicidad de marca

Este tipo de publicidad se centra en crear reconocimiento y conciencia de marca. La publicidad de la marca generalmente se realiza a través de comerciales de televisión, anuncios impresos y vallas publicitarias.

2. Publicidad de respuesta directa

Este tipo de publicidad está enfocada a generar una respuesta inmediata por parte del público objetivo. La publicidad de respuesta directa puede incluir marketing por correo electrónico, correo directo y telemarketing.

3. Publicidad de productos

Este tipo de publicidad está enfocada a promocionar un producto o servicio específico. La publicidad de productos se puede hacer a través de comerciales de televisión, anuncios impresos y anuncios digitales.

4. Publicidad de servicio público

Este tipo de publicidad está enfocada a promover una causa o problema social. La publicidad de servicio público se puede hacer a través de comerciales de televisión, anuncios impresos y anuncios digitales.

La publicidad es una parte crucial de la estrategia de marketing de cualquier empresa. Las principales corrientes de publicidad incluyen la publicidad tradicional, la publicidad digital y la publicidad en redes sociales. Las empresas pueden utilizar varios tipos de publicidad, incluida la publicidad de marca, la publicidad de respuesta directa, la publicidad de productos y la publicidad de servicio público, para llegar a su público objetivo y lograr sus objetivos de marketing.

Elementos formales e informales en la publicidad

La publicidad es una parte esencial de cualquier estrategia empresarial. Es una forma de llegar a clientes potenciales y promocionar un producto o servicio. Sin embargo, la publicidad se puede hacer de muchas maneras diferentes, con diferentes estilos y tonos. Algunos anuncios son formales y profesionales, mientras que otros son más informales y casuales.

Comprender las diferencias entre la publicidad formal e informal puede ayudarte a crear el mensaje adecuado para tu público objetivo.

La publicidad formal se caracteriza por un tono profesional, con un enfoque en presentar un producto o servicio de manera seria y creíble. La publicidad formal a menudo incluye estadísticas, hechos y cifras para demostrar los beneficios del producto o servicio.

El lenguaje utilizado en la publicidad formal suele ser más formal y preciso, con un enfoque en la gramática y el vocabulario correctos. La publicidad formal se utiliza a menudo en industrias como las finanzas, el derecho y la medicina, donde la credibilidad y la experiencia son importantes.

Por otro lado, la publicidad informal se caracteriza por un tono más relajado y desenfadado. El lenguaje utilizado en la publicidad informal suele ser más conversacional, con un enfoque en crear una conexión personal con la audiencia.

La publicidad informal a menudo utiliza humor, lenguaje coloquial y referencias a la cultura pop para atraer a la audiencia. La publicidad informal se utiliza a menudo en industrias como la alimentación, la moda y el entretenimiento, donde es importante crear una imagen divertida y cercana.

Tanto la publicidad formal como la informal tienen sus ventajas y desventajas. La publicidad formal puede ser más efectiva para convencer a los clientes de los beneficios de un producto o servicio, ya que presenta una imagen seria y creíble.

Sin embargo, también puede percibirse como aburrido o poco atractivo, especialmente para el público más joven o más casual. La publicidad informal puede ser más atractiva y cercana, creando una conexión emocional más fuerte con la audiencia. Sin embargo, también puede percibirse como poco profesional o carente de credibilidad.

A la hora de crear una campaña publicitaria, es importante tener en cuenta el público objetivo y la imagen que se quiere crear. La publicidad formal puede ser más apropiada para las industrias en las que la credibilidad y la experiencia son importantes, mientras que la publicidad informal puede ser más apropiada para las industrias en las que es importante crear una imagen divertida y cercana.

También es importante tener en cuenta el tono de tu publicidad, ya que tanto un tono demasiado formal como demasiado informal pueden ser ineficaces.

Comprender las diferencias entre la publicidad formal e informal puede ayudarte a crear el mensaje adecuado para tu público objetivo. La publicidad formal se caracteriza por un tono profesional, con un enfoque en presentar un producto o servicio de una manera seria y creíble, mientras que la publicidad informal se caracteriza por un tono más relajado y casual, con un enfoque en crear una conexión personal con la audiencia.

Ambos estilos tienen sus ventajas y desventajas, y es importante tener en cuenta el público objetivo y la imagen que se quiere crear a la hora de decidir qué estilo utilizar.

El método de Ogilvy

Un enfoque probado y verdadero de la publicidad

David Ogilvy es ampliamente considerado como uno de los ejecutivos de publicidad más exitosos de todos los tiempos. Su enfoque de la publicidad se basaba en una premisa simple: centrarse en el cliente. Creía que al comprender las necesidades y deseos del cliente, los anunciantes podrían crear campañas efectivas que prosperarían con su público objetivo.

Este enfoque, que ha llegado a conocerse como el Método de Ogilvy, todavía se usa ampliamente en la publicidad actual.

El Método Ogilvy se basa en algunos principios clave. La primera es la investigación. Ogilvy creía que las campañas publicitarias debían basarse en la investigación y los datos, en lugar de solo en la intuición creativa.

Al comprender al público objetivo, sus necesidades, deseos y comportamientos, los anunciantes pueden crear campañas que tengan más probabilidades de ser efectivas.

El segundo principio del Método Ogilvy es la Gran Idea. Ogilvy creía que las campañas publicitarias exitosas debían construirse en torno a un concepto central y convincente que capturara la imaginación de la audiencia.

Esta Gran Idea debe ser simple, memorable y emocionalmente resonante, y debe estar en el centro de todos los elementos de la campaña.

El tercer principio es el uso de la creatividad. Ogilvy creía que la gran publicidad es una mezcla de arte y ciencia. Si bien la investigación y los datos proporcionan la base para campañas efectivas, la creatividad es lo que las hace destacar.

Al combinar información basada en la investigación con elementos creativos innovadores y llamativos, los anunciantes pueden crear campañas que sean efectivas y memorables.

El principio final del Método Ogilvy es la prueba y la evaluación. Ogilvy creía que las campañas publicitarias debían probarse y evaluarse continuamente para asegurarse de que están cumpliendo sus objetivos.

Al realizar un seguimiento del rendimiento de una campaña y realizar los ajustes necesarios, los anunciantes pueden asegurarse de que están maximizando su impacto.

El Método Ogilvy se ha utilizado para crear algunas de las campañas publicitarias más exitosas de la historia. Por ejemplo, la campaña "Avis We Try Harder", que se lanzó en 1962, se basó en la gran idea de que Avis, la segunda empresa de alquiler de automóviles más grande de los EE. UU., se estaba esforzando más que su competidor más grande, Hertz.

La campaña fue un gran éxito, ayudando a Avis a aumentar su cuota de mercado del 11% al 35% en los siguientes cuatro años.

Otro ejemplo es la campaña "Man in the Hathaway Shirt", que se lanzó en 1951. La campaña presentaba a un hombre de aspecto distinguido que llevaba una camisa de Hathaway y un parche en el ojo, con el lema "El hombre de la camisa de Hathaway".

La campaña se basó en la gran idea de que usar una camiseta de Hathaway haría que el usuario se destacara y se notara, y fue un gran éxito, ayudando a establecer a Hathaway como una marca líder.

El Método Ogilvy es un enfoque probado de la publicidad que se basa en la investigación, la Gran Idea, la creatividad y las pruebas y evaluaciones. Siguiendo estos principios, los anunciantes pueden crear campañas que sean efectivas, memorables y que repercutan con su público objetivo.

El legado de David Ogilvy como ejecutivo de publicidad pionero continúa inspirando y guiando a los anunciantes en la actualidad, y su enfoque sigue siendo tan relevante como siempre.

Los problemas y las consecuencias de la publicidad

Una mirada crítica

La publicidad es una presencia omnipresente en la sociedad moderna. Dondequiera que vayamos, nos bombardean con anuncios de productos y servicios, desde vallas publicitarias al costado de la carretera hasta anuncios emergentes en nuestros teléfonos inteligentes. Si bien la publicidad puede ser una herramienta poderosa para promocionar bienes y servicios, también tiene una serie de problemas y consecuencias que vale la pena explorar.

Uno de los principales problemas de la publicidad es que puede ser manipuladora. Los anunciantes son expertos en el uso de tácticas psicológicas para influir en nuestro comportamiento, a menudo sin que nos demos cuenta. Por ejemplo, pueden utilizar el respaldo de celebridades o apelaciones emocionales para crear una asociación positiva con su producto.

Esto puede llevar a compras impulsivas y gastos excesivos, así como a expectativas poco realistas sobre los beneficios de un producto en particular.

Otro problema con la publicidad es que puede perpetuar normas y estereotipos sociales dañinos. Los anuncios a menudo representan versiones estrechas e idealizadas de la belleza, la masculinidad, la feminidad y otras construcciones culturales.

Esto puede conducir a una imagen corporal negativa, baja autoestima y una serie de problemas de salud mental. La publicidad puede contribuir a la discriminación y la marginación al reforzar los estereotipos y perpetuar actitudes nocivas hacia los grupos marginados.

Las consecuencias de la publicidad también pueden extenderse al medio ambiente. La producción y distribución de bienes y servicios promovidos a través de la publicidad a menudo tienen un impacto ambiental significativo, desde el agotamiento de los recursos hasta la contaminación y el desperdicio.

El impulso constante de consumir y mejorar puede conducir a una cultura de desechabilidad y desperdicio, donde los productos se desechan y reemplazan rápidamente, lo que contribuye a la crisis ambiental global.

Por último, está la cuestión de la privacidad. En la era digital, los anunciantes pueden recopilar grandes cantidades de datos personales sobre las personas, incluidos sus hábitos de navegación, actividad en las redes sociales e historial de compras. Estos datos se utilizan para orientar los anuncios de manera más efectiva, pero también plantean serias preocupaciones sobre la privacidad y la seguridad de los datos.

Las personas pueden sentirse incómodas sabiendo que su información personal se recopila y utiliza con fines publicitarios sin su consentimiento.
La publicidad tiene una serie de problemas y consecuencias que vale la pena considerar.

Desde sus tácticas manipuladoras y la perpetuación de normas sociales dañinas, hasta su impacto ambiental y posibles violaciones de la privacidad, la publicidad tiene efectos de gran alcance en las personas y la sociedad en su conjunto.

Como consumidores, es importante ser conscientes de estos problemas y tomar decisiones informadas sobre los productos y servicios que elegimos respaldar. Como sociedad, también debemos trabajar para crear un enfoque publicitario más sostenible, equitativo y responsable.

Capítulo 4

Marketing

La base del marketing exitoso

Productos, servicios y marcas

El marketing es una función esencial para cualquier organización. Ayuda a las empresas a identificar, anticipar y satisfacer las necesidades de los clientes de forma rentable. En el competitivo mercado actual, es crucial que las empresas tengan una comprensión clara de sus productos, servicios y marcas.

Un producto o servicio bien definido, junto con una imagen de marca sólida, es la base de cualquier estrategia de marketing exitosa. En este capítulo, descubriremos la importancia de los productos, servicios y marcas en el marketing y cómo pueden ayudar a una empresa a alcanzar sus objetivos de marketing.

Productos y servicios

Los productos y servicios son las ofertas tangibles e intangibles que una empresa proporciona a sus clientes. Son el núcleo del negocio de una empresa, y el éxito de una estrategia de marketing depende de lo bien que se definan y posicionen los productos y servicios en el mercado. Comprender las características y beneficios de los productos y servicios es esencial para desarrollar un plan de marketing efectivo.

Los productos se pueden clasificar en tres tipos: bienes físicos, servicios e ideas. Los bienes físicos son productos tangibles que se pueden tocar, saborear o ver, como automóviles, computadoras o ropa.

Los servicios, por otro lado, son productos intangibles que no se pueden tocar pero que se pueden experimentar, como la educación, la atención médica o la banca. Las ideas, como los conceptos políticos o sociales, son intangibles y abstractos por naturaleza.

La calidad de un producto o servicio es un factor crítico para determinar su éxito. Es esencial centrarse en las necesidades de los clientes y asegurarse de que el producto o servicio satisfaga esas necesidades.

Una empresa también debe vigilar a la competencia y asegurarse de que sus productos y servicios sean superiores en calidad, precios y características.

Marcas

Una marca es un nombre, término, diseño, símbolo u otra característica que identifica los productos o servicios de una empresa y los distingue de sus competidores. Las marcas crean una conexión emocional con los clientes y ayudan a generar confianza, lealtad y una relación sólida entre la empresa y sus clientes.

Una imagen de marca sólida es un componente esencial de una estrategia de marketing exitosa.

Las marcas se pueden dividir en dos categorías: marcas de productos y marcas corporativas. Las marcas de productos son específicas de un producto en particular, como Coca-Cola, Nike o Apple iPhone. Las marcas corporativas están asociadas a la empresa en su conjunto, como Google, Microsoft o Samsung.

Construir una imagen de marca sólida requiere tiempo y esfuerzo. Es esencial crear una marca que refleje los valores y la misión de la empresa y que resuene con el público objetivo.

Una marca también debe ser coherente en todos los canales de marketing, incluidos la publicidad, el embalaje, las redes sociales y el servicio de atención al cliente.

Desarrollo de nuevos productos y gestión del ciclo de vida del producto

El desarrollo y la introducción de nuevos productos pueden ser un factor decisivo para las empresas. El éxito o el fracaso de un nuevo producto puede afectar significativamente a los resultados, la cuota de mercado y la reputación de la marca de una empresa. Por lo tanto, es crucial que las empresas tengan un proceso de desarrollo de productos bien definido y una estrategia para gestionar el ciclo de vida del producto.

El proceso de desarrollo del producto implica muchas etapas, comenzando con la ideación y terminando con la comercialización. El primer paso es generar nuevas ideas de productos, que pueden provenir de una variedad de fuentes, como comentarios de los clientes, estudios de mercado y sugerencias de los empleados.

Una vez que se generan las ideas, se evalúan en función de varios criterios, como el potencial de mercado, la viabilidad técnica y el ajuste estratégico. Las ideas que pasan la etapa de evaluación se convierten en conceptos, que se refinan y prueban aún más.

La siguiente etapa es la etapa de diseño del producto, donde se finalizan las características y especificaciones del producto. En esta etapa, las empresas deben asegurarse de que el producto satisfaga las necesidades y deseos del mercado objetivo, al tiempo que tienen en cuenta los costos de producción y la rentabilidad.

Una vez finalizado el diseño, se crea un prototipo, que luego se prueba para garantizar que cumple con las especificaciones y la funcionalidad deseadas.

Una vez probado y perfeccionado el prototipo, el producto está listo para su comercialización. Esto implica lanzar el producto al mercado y promocionarlo a través de diversos canales, como publicidad, promociones de ventas y relaciones públicas.

Las empresas también deben asegurarse de que el producto esté fácilmente disponible para los clientes a través de los canales de distribución.

Una vez que el producto se lanza, entra en el ciclo de vida del producto, que consta de cuatro etapas: introducción, crecimiento, madurez y declive. Durante la etapa de introducción, se lanza el producto y las ventas son bajas.

La atención se centra en crear conciencia sobre el producto y generar demanda. En la etapa de crecimiento, las ventas aumentan rápidamente a medida que el producto gana aceptación en el mercado. La atención se centra en la ampliación de los canales de distribución y el aumento de la producción para satisfacer la creciente demanda.

La etapa de madurez se caracteriza por una desaceleración en el crecimiento de las ventas, a medida que el producto alcanza su punto máximo en el mercado. Durante esta etapa, las empresas deben centrarse en mantener la cuota de mercado diferenciando su producto de los competidores y manteniendo la fidelidad de los clientes.

Finalmente, en la etapa de declive, las ventas disminuyen y el producto finalmente se elimina.

Para gestionar eficazmente el ciclo de vida del producto, las empresas deben evaluar y supervisar continuamente el rendimiento del producto y realizar los ajustes necesarios. Esto puede implicar la introducción de nuevas funciones, la modificación del diseño del producto o la orientación a nuevos mercados.

Las empresas también deben tener en cuenta el impacto de los factores externos, como los cambios en las preferencias de los clientes, las nuevas tecnologías y los competidores.

Fijar el precio de su producto o servicio

Establecer el precio correcto

Una de las decisiones más importantes que debe tomar el propietario de un negocio es cómo fijar el precio de su producto o servicio. El precio que establezcas puede tener un gran impacto en tus resultados e incluso puede hacer o deshacer tu negocio. Entonces, ¿cómo saber cuál es el precio correcto? Aquí hay algunas pautas para ayudarlo a establecer el precio correcto para su producto o servicio.

Comprenda sus costos

El primer paso para establecer el precio correcto es comprender sus costos. Necesitas saber cuánto te cuesta producir tu producto o prestar tu servicio. Esto incluye el costo de los materiales, la mano de obra y los gastos generales. Una vez que tenga una buena comprensión de sus costos, puede comenzar a determinar su estrategia de precios.

Conozca su Mercado

El siguiente paso es investigar tu mercado. Necesita saber lo que cobran sus competidores por productos o servicios similares. También necesitas saber lo que tu mercado objetivo está dispuesto a pagar.

Realizar una investigación de mercado y analizar las estrategias de precios de tus competidores te ayudará a determinar tu estrategia de precios.

Considere el valor

La fijación de precios no se trata solo de costos y competencia. También se trata del valor que proporcionas a tus clientes. Si ofreces un producto o servicio premium que proporciona un valor significativo a tus clientes, puedes cobrar un precio premium.

Por otro lado, si ofreces un producto o servicio básico con poca diferenciación, es posible que debas ponerle un precio más bajo para seguir siendo competitivo.

Utilizar precios psicológicos

La fijación de precios psicológica es una estrategia de fijación de precios que utiliza la psicología para influir en el comportamiento del consumidor. Esto incluye tácticas como el uso de números impares (por ejemplo, $9.99 en lugar de $10), el anclaje (por ejemplo, mostrar primero un artículo de alto precio para que otros artículos parezcan más razonables) y la agrupación (por ejemplo, ofrecer un descuento cuando los clientes compran varios artículos).

Estas tácticas pueden ser efectivas para influir en el comportamiento del consumidor y pueden ayudarte a establecer el precio correcto para tu producto o servicio.

Pon a prueba tu precio

Una vez que hayas determinado tu estrategia de precios, es importante probarla. Realizar experimentos de precios puede ayudarte a determinar el precio óptimo para tu producto o servicio.

Esto puede incluir pruebas A/B (probar dos precios diferentes para ver cuál funciona mejor) o precios basados en el valor (ofrecer diferentes niveles de precios en función del valor que proporciona su producto o servicio).

Canales de comercialización

Cómo elegir los adecuados para tu negocio

Los canales de marketing son las diferentes formas en las que puedes llegar a tu público objetivo con tus mensajes de marketing. Elegir los canales de marketing adecuados para su negocio es esencial para garantizar que sus esfuerzos de marketing sean efectivos y lleguen a las personas adecuadas. En este capítulo, discutiremos cómo elegir los canales de marketing adecuados para su negocio.

Comprenda a su público objetivo

El primer paso para elegir los canales de marketing adecuados es comprender a su público objetivo. Necesitas saber quién es tu cliente ideal, cuáles son sus necesidades e intereses, y dónde pasa su tiempo en línea y fuera de línea. Realizar una investigación de mercado y crear buyer personas puede ayudarte a obtener una comprensión más profunda de tu público objetivo.

Considera tus metas

El siguiente paso es considerar tus objetivos de marketing. ¿Qué quieres lograr con tus esfuerzos de marketing? ¿Quieres aumentar el conocimiento de la marca, generar clientes potenciales, impulsar las ventas o algo más? Tus objetivos de marketing te ayudarán a determinar qué canales de marketing son los más apropiados para tu negocio.

Evalúe sus opciones

Hay muchos canales de marketing diferentes disponibles, tanto en línea como fuera de línea. Algunos de los canales de marketing más comunes incluyen:

- Redes sociales
- Marketing por correo electrónico
- Marketing de contenidos
- Optimización de motores de búsqueda (SEO)
- Publicidad de pago por clic (PPC)
- Marketing de influencers
- Eventos y conferencias
- Correo directo
- Relaciones Públicas (PR)

Evalúe cada una de estas opciones en función de su público objetivo y sus objetivos de marketing. Por ejemplo, si tu público objetivo es principalmente activo en Instagram, el marketing en redes sociales puede ser una buena opción para ti. Si desea generar clientes potenciales, el marketing por correo electrónico y la publicidad PPC pueden ser más apropiados.

Elige tus canales

Una vez que hayas evaluado tus opciones, es hora de elegir tus canales de marketing. Recuerda que no tienes que utilizar todos los canales de marketing disponibles. Es mejor centrarse en unos pocos canales que tengan más probabilidades de llegar a su público objetivo y alcanzar sus objetivos de marketing.

Crear un plan de marketing

Una vez que hayas elegido tus canales de marketing, es hora de crear un plan de marketing. Tu plan de marketing debe describir tus objetivos de marketing, tu público objetivo, los canales de marketing elegidos y las tácticas específicas que utilizarás para llegar a tu audiencia en cada canal.

Tu plan de marketing también debe incluir un cronograma y un presupuesto para cada canal.

Supervise y ajuste

Finalmente, es importante monitorear sus esfuerzos de marketing y ajustar su estrategia según sea necesario. Utilice análisis y otras herramientas para realizar un seguimiento de su progreso y medir el éxito de sus canales de marketing.

Si un canal en particular no funciona tan bien como esperabas, ajusta tu estrategia o prueba con un canal completamente diferente.

Venta al por menor y al por mayor

Comprender la diferencia y la importancia para su negocio

La venta al por menor y la venta al por mayor son dos componentes esenciales del canal de distribución, que es el proceso de hacer llegar los productos del fabricante al consumidor. En este capítulo, discutiremos la diferencia entre la venta al por menor y la venta al por mayor y la importancia de cada una para su negocio.

¿Qué es el comercio minorista?

La venta al por menor es el proceso de vender productos directamente al consumidor final. Los minoristas compran productos a mayoristas o fabricantes y los venden a clientes individuales en tiendas, en línea o a través de otros canales.

La venta al por menor es un componente crítico del canal de distribución porque es el paso final en el proceso de hacer llegar los productos a los consumidores. También es esencial para crear una experiencia positiva para el cliente, ya que los minoristas suelen ofrecer servicios adicionales, como atención al cliente, devoluciones y cambios, y demostraciones de productos.

Algunos ejemplos de minoristas son los supermercados, los grandes almacenes, los minoristas en línea y las tiendas especializadas.

¿Qué es la venta al por mayor?

La venta al por mayor es el proceso de vender productos en grandes cantidades a minoristas u otras empresas. Los mayoristas compran productos a los fabricantes y los venden a los minoristas, que a su vez los venden a los consumidores.

La venta al por mayor es un componente importante del canal de distribución porque ayuda a agilizar el proceso de llevar los productos del fabricante al minorista. Los mayoristas también pueden proporcionar servicios adicionales a los minoristas, como la gestión de inventarios, el envío y la manipulación, y las condiciones de crédito.

Algunos ejemplos de mayoristas son los distribuidores, los corredores y las sucursales de ventas de los fabricantes.

Por qué la venta al por menor y la venta al por mayor son importantes para su negocio

La venta al por menor y la venta al por mayor son importantes para su negocio por muchas razones:

- Llega a un público más amplio: Al trabajar con mayoristas y minoristas, puedes llegar a un público más amplio de lo que podrías hacerlo por tu cuenta. Los minoristas han establecido bases de clientes y canales de comercialización, mientras que los mayoristas tienen redes de empresas con las que trabajan regularmente.

- Agilice el proceso de distribución: Al trabajar con mayoristas, puede agilizar el proceso de hacer llegar sus productos a los minoristas y, en última instancia, a los consumidores. Los mayoristas pueden encargarse de la gestión del inventario, el envío y la manipulación, y otras tareas logísticas, lo que le permite centrarse en otros aspectos de su negocio.

- Proporcionar servicios adicionales: Los minoristas y mayoristas pueden proporcionar servicios adicionales a su empresa, como servicio al cliente, marketing y términos de crédito. Estos servicios pueden ayudarte a mejorar la experiencia de tus clientes y hacer crecer tu negocio.

Capítulo 5

Consumidor

Involucrar a los consumidores y comunicar el valor para el cliente

Estrategias para el éxito

Involucrar a los consumidores y comunicar el valor del cliente son dos componentes críticos para construir un negocio exitoso. En este capítulo, discutiremos estrategias para involucrar a los consumidores y comunicar el valor del cliente de manera efectiva.

¿Qué es el compromiso del consumidor?

El compromiso del consumidor se refiere al proceso de crear una relación positiva entre una marca y sus clientes. Esta relación se construye a través de interacciones continuas entre la marca y sus clientes, incluido el servicio al cliente, el marketing y las redes sociales.

La participación del consumidor es importante porque ayuda a fidelizar a los clientes, aumentar el conocimiento de la marca e impulsar las ventas. Al interactuar con sus clientes, puede obtener información valiosa sobre sus necesidades y preferencias, lo que puede ayudarlo a mejorar sus productos y servicios.

Estrategias para la participación del consumidor

Estas son algunas estrategias para atraer a los consumidores de manera efectiva:

Personalización

La personalización implica adaptar sus mensajes y ofertas de marketing para satisfacer las necesidades y preferencias individuales de sus clientes. Esto se puede hacer a través de campañas de marketing dirigidas, mensajes de correo electrónico personalizados y recomendaciones de productos personalizadas.

Redes sociales

Las redes sociales son una excelente herramienta para interactuar con los consumidores porque te permiten interactuar con ellos en tiempo real. Puede utilizar las redes sociales para responder a las preguntas de los clientes, abordar las quejas y compartir contenido relevante.

Servicio al cliente

Brindar un excelente servicio al cliente es esencial para construir una relación positiva con sus clientes. Asegúrese de que sus representantes de servicio al cliente estén bien informados, sean útiles y respondan a las consultas de los clientes.

¿Qué es la comunicación de valor para el cliente?

La comunicación de valor para el cliente se refiere al proceso de comunicar el valor de sus productos y servicios a sus clientes. Esto implica resaltar las características y beneficios de sus productos y demostrar cómo pueden satisfacer las necesidades y resolver los problemas de sus clientes.

La comunicación eficaz del valor del cliente es esencial para fidelizar a los clientes e impulsar las ventas. Al comunicar el valor de sus productos y servicios de manera efectiva, puede ayudar a sus clientes a tomar decisiones de compra informadas.

Estrategias para la comunicación de valor para el cliente

Estas son algunas estrategias para comunicar el valor del cliente de manera efectiva:

Enfócate en los beneficios: Cuando comuniques el valor de tus productos y servicios, concéntrate en los beneficios que brindan a tus clientes. Destaque cómo sus productos pueden resolver sus problemas, satisfacer sus necesidades y mejorar sus vidas.

Utiliza testimonios de clients

Los testimonios de los clientes son una herramienta poderosa para comunicar el valor del cliente. Utilice testimonios de clientes satisfechos para demostrar los beneficios de sus productos y servicios.

Proporcionar demostraciones de productos

Las demostraciones de productos son una forma eficaz de comunicar el valor de sus productos. Muestre a sus clientes cómo funcionan sus productos y cómo pueden resolver sus problemas.

Venta Personal y Promoción de Ventas

Impulsar las ventas y construir relaciones

La venta personal y la promoción de ventas son dos componentes críticos de cualquier estrategia de marketing exitosa. En este capítulo, analizaremos qué son la venta personal y la promoción de ventas, por qué son importantes y cómo puede usarlas de manera efectiva para impulsar las ventas y construir relaciones con sus clientes.

¿Qué es la venta personal?

La venta personal es el proceso de vender productos o servicios directamente a clientes individuales. Esto implica que un vendedor participe en una conversación individual con un cliente para comprender sus necesidades, proporcionar información sobre el producto o servicio y persuadirlo para que realice una compra.

La venta personal es importante porque te permite construir una relación personal con tus clientes. Al interactuar directamente con sus clientes, puede obtener información valiosa sobre sus necesidades y preferencias, lo que puede ayudarlo a mejorar sus productos y servicios.

Estrategias para la venta personal

Aquí hay algunas estrategias para vender personal de manera efectiva:

Conozca su producto: Es esencial tener un conocimiento profundo de su producto o servicio cuando se dedica a la venta personal. Asegúrese de conocer las características y beneficios de su producto, así como cómo se compara con productos similares en el mercado.

Escuche a sus clientes: Al participar en la venta personal, es importante escuchar atentamente a sus clientes. Comprenda sus necesidades y preferencias, y utilice esta información para adaptar su argumento de venta a sus necesidades específicas.

Construye una relación: La venta personal se trata de construir relaciones con tus clientes. Tómate el tiempo para conocer a tus clientes y asegúrate de que se sientan valorados y escuchados.

¿Qué es la promoción de ventas?

La promoción de ventas es el proceso de utilizar tácticas de marketing para animar a los clientes a realizar una compra. Esto incluye estrategias como descuentos, cupones y promociones especiales.

La promoción de ventas es importante porque puede impulsar las ventas a corto plazo y aumentar el conocimiento de la marca. Al ofrecer descuentos y promociones, puede incentivar a los clientes a realizar una compra y presentar su marca a nuevos clientes.

Estrategias para la promoción de ventas

Aquí hay algunas estrategias para la promoción de ventas de manera efectiva:

Ofrece descuentos: Los descuentos son una forma eficaz de incentivar a los clientes a realizar una compra. Ofrece descuentos en productos o servicios populares para impulsar las ventas.

Utiliza cupones: Los cupones son otra forma eficaz de impulsar las ventas. Ofrezca cupones en materiales de marketing o por correo electrónico para animar a los clientes a realizar una compra.

Crea promociones especiales: Las promociones especiales, como comprar uno, obtener otro gratis, pueden ser una forma efectiva de presentar tu marca a nuevos clientes e impulsar las ventas.

Maximiza tu alcance y compromiso

Marketing directo, online, redes sociales y móvil

En la era digital actual, es más importante que nunca tener una estrategia de marketing integral que incluya marketing directo, en línea, redes sociales y móvil.

En este capítulo, discutiremos qué es cada uno de estos canales de marketing, por qué son importantes y cómo puede usarlos de manera efectiva para maximizar su alcance y compromiso con su público objetivo.

Venta directa

El marketing directo es la práctica de comunicarse directamente con los clientes para promocionar sus productos o servicios. Esto puede incluir correos, correos electrónicos, telemarketing y otras formas de comunicación directa.

El marketing directo es importante porque te permite llegar directamente a tu público objetivo y adaptar tu mensaje a sus necesidades e intereses específicos.

Estrategias para el Marketing Directo

Aquí hay algunas estrategias para el marketing directo de manera efectiva:
Crea una lista específica: El marketing directo es más efectivo cuando tienes una lista específica de clientes potenciales.

Utiliza los datos de los clientes y otras fuentes para crear una lista de las personas que tienen más probabilidades de estar interesadas en tus productos o servicios.

Adapta tu mensaje: Cuando te comuniques directamente con los clientes, es importante adaptar tu mensaje a sus necesidades e intereses específicos. Utilice los datos de los clientes para comprender sus preferencias y personalizar su mensaje en consecuencia.

Ofrece incentivos: Ofrecer incentivos, como descuentos o pruebas gratuitas, puede ser una forma eficaz de animar a los clientes a realizar una compra.

Online Marketing

El marketing en línea es la práctica de utilizar canales digitales, como motores de búsqueda, redes sociales y correo electrónico, para promocionar sus productos o servicios.
El marketing online es importante porque te permite llegar a un público amplio e interactuar con los clientes en tiempo real.

Estrategias para el Marketing Online

Aquí hay algunas estrategias para el marketing en línea de manera efectiva:

Utilice la optimización de motores de búsqueda (SEO): El SEO es el proceso de optimizar su sitio web para obtener una clasificación más alta en los resultados de los motores de búsqueda. Utilice palabras clave y otras tácticas de SEO para mejorar la visibilidad de su sitio web y generar tráfico.

Interactúa en las redes sociales: Las plataformas de redes sociales como Facebook, Twitter e Instagram son herramientas poderosas para interactuar con los clientes y crear conciencia de marca. Publique actualizaciones periódicas y responda a las consultas de los clientes para construir una fuerte presencia en las redes sociales.

Utiliza el marketing por correo electrónico: El marketing por correo electrónico es una forma eficaz de comunicarte con los clientes y promocionar tus productos o servicios. Utilice campañas de correo electrónico dirigidas para enviar mensajes personalizados a su audiencia.

Marketing en Redes Sociales

El marketing en redes sociales es la práctica de utilizar plataformas de redes sociales para promocionar sus productos o servicios e interactuar con su audiencia.

El marketing en redes sociales es importante porque le permite establecer relaciones con los clientes y obtener información valiosa sobre sus preferencias e intereses.

Estrategias para el marketing en redes sociales

Aquí hay algunas estrategias para el marketing en redes sociales de manera efectiva:

Crea contenido atractivo

Los usuarios de las redes sociales buscan contenido atractivo y de alta calidad que aporte valor. Crea publicaciones, videos y otros contenidos que respondan a los intereses y necesidades de tu audiencia.

Construye una comunidad

Utiliza las redes sociales para crear una comunidad en torno a tu marca. Anime a los clientes a compartir sus experiencias y a comprometerse entre sí para crear un sentido de comunidad y lealtad.

Utilizar publicidad pagada

La publicidad pagada en las redes sociales puede ser una forma efectiva de llegar a un público más amplio e impulsar las conversiones. Utilice las opciones de segmentación para llegar a su audiencia ideal y realice un seguimiento de sus resultados para optimizar sus campañas.

Marketing Móvil

El marketing móvil es la práctica de utilizar dispositivos móviles, como teléfonos inteligentes y tabletas, para promocionar sus productos o servicios.

El marketing móvil es importante porque te permite llegar a los clientes dondequiera que estén e interactuar con ellos en tiempo real.

Estrategias para el marketing móvil

Aquí hay algunas estrategias para el marketing móvil de manera efectiva:

Utiliza el marketing por SMS: El marketing por SMS consiste en enviar mensajes de texto a los clientes para promocionar tus productos o servicios. Utilice mensajes y promociones dirigidos para impulsar la participación

Desarrolle contenido optimizado para dispositivos móviles: asegúrese de que su sitio web y otros contenidos digitales estén optimizados para dispositivos móviles para brindar una experiencia de usuario perfecta.

Utiliza aplicaciones móviles: Las aplicaciones móviles pueden ser una forma eficaz de interactuar con los clientes y promocionar tus productos o servicios. Desarrolle una aplicación de marca que brinde valor a su audiencia y promueva su marca.

Oportunidades y desafíos

Navegando por el mercado global

En el mundo interconectado de hoy, las empresas de todos los tamaños tienen acceso a un mercado global. Si bien esto presenta muchas oportunidades, también conlleva desafíos como las diferencias culturales, los requisitos legales y las complejidades logísticas.

En este capítulo, buscaremos las oportunidades y los desafíos de navegar por el mercado global y proporcionaremos estrategias para el éxito.

Oportunidades en el mercado global

1. Ampliación de la base de clientes: Al vender sus productos o servicios a nivel mundial, puede llegar a una base de clientes más amplia y, potencialmente, aumentar sus ventas e ingresos.

2. Diversificación: Expandirse a los mercados globales puede proporcionar diversificación y reducir su dependencia de un solo mercado o país.

3. Acceso al talento: Al expandirse globalmente, puede tener acceso a un grupo más amplio de talentos, lo que puede ayudarlo a innovar y hacer crecer su negocio.

4. Ventaja competitiva: Al ingresar a los mercados globales, puede obtener una ventaja competitiva al ofrecer productos o servicios únicos que no están disponibles en otros mercados.

Desafíos en el mercado global

1. Diferencias culturales: Las diferencias culturales pueden afectar a tu negocio en áreas como el marketing, el servicio al cliente y las prácticas comerciales. Es importante comprender y respetar las diferencias culturales para tener éxito en los mercados globales.

2. Requisitos legales: Los diferentes países tienen diferentes requisitos legales, como impuestos, regulaciones aduaneras y leyes laborales. Es importante comprender estos requisitos y garantizar su cumplimiento para evitar problemas legales.

3. Complejidades logísticas: El envío y la logística pueden ser complejos cuando se vende internacionalmente. Hay que tener en cuenta factores como el transporte, las aduanas y las barreras lingüísticas.

4. Fluctuaciones monetarias: Las fluctuaciones en los tipos de cambio de divisas pueden afectar sus ganancias y flujo de efectivo. Es importante tener una estrategia para gestionar los riesgos cambiarios.

Capítulo 6

Mercadotecnia Global

Estrategias para el éxito en el mercado global

1. Realice una investigación de mercado: Antes de ingresar a un nuevo mercado, realice una investigación de mercado para comprender los factores culturales, legales y logísticos que afectarán su negocio.

2. Desarrolle una estrategia global: Desarrolle una estrategia global integral que tenga en cuenta sus mercados objetivo, su enfoque de marketing y su cadena de suministro.

3. Construir relaciones: Construir relaciones con socios y proveedores locales puede ayudarlo a navegar por las diferencias culturales y los requisitos regulatorios.

4. Utiliza la tecnología: La tecnología puede ayudarte a superar las barreras logísticas y lingüísticas. Utilice plataformas de comercio electrónico, herramientas de traducción y otras tecnologías para simplificar las transacciones globales.

5. Busque asesoramiento: Busque asesoramiento de expertos en negocios globales, como asociaciones comerciales, agencias gubernamentales y asesores legales.

Entrar en el mercado global presenta tanto oportunidades como desafíos. Al comprender los factores culturales, legales y logísticos que afectan a su negocio y desarrollar una estrategia global completa, puede tener éxito en los mercados globales.

Con el enfoque y los recursos adecuados, el mercado global puede ser una valiosa fuente de crecimiento y oportunidades para su negocio.

Marketing Sostenible

Prácticas Comerciales Responsables

En los últimos años, los consumidores se han preocupado cada vez más por el impacto de las empresas en el medio ambiente y la sociedad. Como resultado, el marketing sostenible se ha convertido en una estrategia importante para las empresas que buscan satisfacer estas demandas de los consumidores y operar de manera responsable. En este capítulo, exploraremos el marketing sostenible y proporcionaremos estrategias para implementar prácticas comerciales responsables.

¿Qué es el Marketing Sostenible?

El marketing sostenible es la práctica de promover productos o servicios que son ambiental y socialmente responsables. Implica un enfoque en la sostenibilidad a lo largo de todo el proceso de marketing, desde el desarrollo del producto hasta las comunicaciones de marketing.

¿Por qué es importante el marketing sostenible?

El marketing sostenible es importante por varias razones:

1. Demanda de los consumidores: Los consumidores buscan cada vez más productos y servicios que se alineen con sus valores, incluida la sostenibilidad.

2. Reputación: Las empresas que priorizan la sostenibilidad pueden mejorar su reputación y fidelizar a sus clientes.

3. Cumplimiento: Muchas industrias están sujetas a regulaciones ambientales, y el marketing sostenible puede ayudar a garantizar el cumplimiento.

4. Ahorro de costes: La implementación de prácticas sostenibles puede suponer un ahorro de costes en áreas como la gestión de la energía y los residuos.

Estrategias para un Marketing Sostenible

1. **Desarrollar productos sostenibles**: Desarrollar productos que sean responsables desde el punto de vista medioambiental y social es un componente clave del marketing sostenible. Esto puede incluir el uso de materiales sostenibles, la reducción de residuos y la promoción de prácticas laborales responsables.

2. **Promover prácticas sostenibles**: Destacar las prácticas sostenibles en las comunicaciones de marketing puede ayudar a construir la reputación de la marca y la lealtad de los clientes. Esto puede incluir la promoción de prácticas de eficiencia energética, el reciclaje y el abastecimiento responsable.

3. **Medir e informar sobre la sostenibilidad**: Medir e informar sobre las prácticas de sostenibilidad puede ayudar a las empresas a identificar áreas de mejora y demostrar su compromiso con las prácticas empresariales responsables.

4. **Asociarse con organizaciones sostenibles**: Asociarse con organizaciones sostenibles puede ayudar a las empresas a demostrar su compromiso con la sostenibilidad y potenciar la experiencia de estas organizaciones.

5. **Fomentar el compromiso** de los empleados: Involucrar a los empleados en prácticas de sostenibilidad puede ayudar a fomentar una cultura de sostenibilidad dentro de la empresa y conducir a prácticas empresariales más sostenibles.

El marketing sostenible es una estrategia importante para las empresas que buscan satisfacer las demandas de los consumidores y operar de manera responsable.

Mediante el desarrollo de productos sostenibles, la promoción de prácticas sostenibles, la medición y la presentación de informes sobre la sostenibilidad, la colaboración con organizaciones sostenibles y el fomento del compromiso de los empleados, las empresas pueden implementar prácticas empresariales responsables y mejorar su reputación.

Dado que la sostenibilidad sigue siendo una prioridad para los consumidores y los reguladores, el marketing sostenible será cada vez más importante para las empresas de todos los tamaños.

Comprender la mente de los consumidores

El comportamiento del consumidor

Como propietario de un negocio, es esencial comprender el comportamiento de los consumidores. El comportamiento del consumidor se refiere a las acciones y decisiones que toman los individuos o los hogares al comprar bienes o servicios. Es un aspecto crítico del marketing, y comprenderlo puede ayudar a las empresas a desarrollar estrategias de marketing más efectivas.

El comportamiento del consumidor está influenciado por varios factores, incluidos factores personales, sociales y psicológicos. Los factores personales incluyen la edad, los ingresos, la educación y el estilo de vida. Los factores sociales se refieren a la influencia de la familia, los amigos y otros grupos. Los factores psicológicos incluyen la percepción, la motivación, las actitudes y las creencias.

Comprender estos factores puede ayudar a las empresas a segmentar sus mercados objetivo y adaptar sus esfuerzos de marketing a grupos específicos. Por ejemplo, una empresa que vende artículos de lujo puede dirigirse a personas de altos ingresos, mientras que una empresa que vende productos asequibles puede dirigirse a personas con ingresos más bajos.

El comportamiento del consumidor también está influenciado por el proceso de toma de decisiones del comprador. El proceso implica muchas etapas, incluido el reconocimiento del problema, la búsqueda de información y la evaluación de alternativas, la decisión de compra y la evaluación posterior a la compra.

En la etapa de reconocimiento del problema, el consumidor identifica una necesidad o un problema que desea resolver. Por ejemplo, es posible que deban comprar una nueva computadora portátil porque la actual está desactualizada.

En la etapa de búsqueda de información, el consumidor recopila información sobre posibles soluciones, como investigar diferentes marcas y leer reseñas en línea.

En la etapa de evaluación de alternativas, el consumidor sopesa los pros y los contras de cada opción y reduce sus opciones. En la etapa de decisión de compra, el consumidor se decide por un producto o servicio específico y realiza la compra.

Finalmente, en la etapa de evaluación posterior a la compra, el consumidor evalúa su satisfacción con la compra y puede proporcionar comentarios a la empresa.

Comprender el proceso de toma de decisiones del consumidor es esencial para que las empresas desarrollen estrategias de marketing efectivas.

Por ejemplo, una empresa puede utilizar la publicidad dirigida para influir en la etapa de reconocimiento del problema, como la creación de anuncios que destaquen los problemas comunes que su producto puede resolver.

Comprender el comportamiento del consumidor es crucial para que las empresas desarrollen estrategias de marketing efectivas. Factores como los factores personales, sociales y psicológicos influyen en el comportamiento del consumidor, y el proceso de toma de decisiones implica varias etapas.

Al comprender estos factores y etapas, las empresas pueden adaptar sus esfuerzos de marketing a mercados objetivo específicos e influir en el proceso de toma de decisiones del consumidor.

Influencias sociales

Grupos de Referencia y Clases Sociales

El comportamiento del consumidor se ve afectado por una multitud de factores, uno de los cuales es la influencia social. Las personas son seres sociales y están influenciadas por las opiniones, comportamientos y valores de quienes las rodean. Dos componentes clave de la influencia social son los grupos de referencia y las clases sociales.

Comprender estos conceptos es crucial para las empresas que buscan desarrollar estrategias de marketing efectivas.

Los grupos de referencia son grupos que los consumidores utilizan como base de comparación en la toma de decisiones. Estos grupos pueden ser directos o indirectos. Los grupos de referencia directa son aquellos con los que una persona interactúa regularmente, como familiares, amigos o colegas.

Los grupos de referencia indirectos, por otro lado, son grupos con los que los individuos pueden no interactuar pero que aún así tienen en alta estima, como celebridades, expertos o incluso personajes ficticios.

Los grupos de referencia pueden tener un impacto significativo en el comportamiento del consumidor. Las personas a menudo se ajustan a las normas y valores de sus grupos de referencia, y la influencia puede ser tanto positiva como negativa.

Por ejemplo, si el grupo de referencia directa de una persona valora la sostenibilidad, es más probable que esa persona compre productos ecológicos.

Las clases sociales son otro aspecto clave de la influencia social. Las clases sociales son agrupaciones de personas basadas en antecedentes económicos, educativos y ocupacionales similares.

La clase social puede tener un impacto significativo en el comportamiento del consumidor, ya que influye en las actitudes, los valores y el estilo de vida de un individuo.

Las clases sociales a menudo se dividen en clases altas, medias y bajas, y cada grupo tiene características distintas. Por ejemplo, las personas de clase alta pueden priorizar el lujo y los símbolos de estatus, mientras que la clase media puede priorizar el valor y la practicidad.

Comprender la clase social de un público objetivo puede ayudar a las empresas a adaptar sus estrategias de marketing para atraer a ese grupo.

Por ejemplo, una marca de moda de lujo puede utilizar modelos de alta gama y anuncios elegantes para atraer a la clase alta, mientras que una marca orientada al valor puede utilizar demostraciones prácticas y testimonios para atraer a la clase media.

La influencia social es un factor importante en el comportamiento del consumidor, y comprender los grupos de referencia y las clases sociales es crucial para las empresas que buscan desarrollar estrategias de marketing efectivas.

Al comprender los valores, actitudes y estilos de vida de su público objetivo, las empresas pueden adaptar sus esfuerzos de marketing para atraer a ese grupo y, en última instancia, aumentar las ventas y la lealtad a la marca.

Factores culturales

Impacto de los factores culturales en la toma de decisiones de los consumidores

Como individuos, estamos influenciados por la cultura en la que vivimos, y esto puede desempeñar un papel importante en la configuración de nuestro comportamiento de consumo. La cultura es un concepto amplio que abarca muchos aspectos diferentes de nuestras vidas, incluidos nuestros valores, creencias, normas y tradiciones.

Estos factores culturales pueden tener un impacto significativo en los productos y servicios que compramos, las marcas que elegimos y la forma en que interactuamos con las empresas.

Comprender el papel de la cultura en el comportamiento del consumidor es fundamental para las empresas que buscan conectarse con su público objetivo y construir una marca sólida.

En este capítulo, exploraremos las formas en que la cultura influye en el comportamiento del consumidor y proporcionaremos consejos prácticos para que las empresas incorporen estos conocimientos en sus estrategias de marketing.

Factores culturales que influyen en el comportamiento del consumidor

Valores y creencias: Nuestros valores y creencias están profundamente arraigados en nuestra cultura y dan forma a nuestras actitudes hacia los diferentes productos y servicios.

Por ejemplo, en algunas culturas, puede haber un fuerte énfasis en la sostenibilidad ambiental, y es más probable que los consumidores compren productos ecológicos. Del mismo modo, las creencias religiosas o culturales pueden influir en las preferencias de los consumidores, los tipos de alimentos o la ropa.

Normas y costumbres

Las normas y costumbres culturales también pueden desempeñar un papel importante en la configuración del comportamiento del consumidor. Por ejemplo, en algunas culturas, puede ser costumbre dar regalos para ocasiones especiales, como bodas o cumpleaños.

Esto puede conducir a un aumento de la demanda de ciertos tipos de productos durante épocas específicas del año.

Lenguaje y comunicación

El lenguaje y la comunicación son componentes esenciales de la cultura y pueden influir en el comportamiento del consumidor de muchas maneras. Por ejemplo, las empresas que atienden a audiencias multiculturales pueden necesitar ofrecer sus productos y servicios en varios idiomas para conectarse con su público objetivo de manera efectiva.

Símbolos y tradiciones

Los símbolos y las tradiciones son elementos culturales poderosos que pueden evocar emociones y moldear el comportamiento del consumidor. Por ejemplo, la bandera estadounidense o los anillos olímpicos pueden provocar sentimientos de patriotismo y orgullo, que pueden influir en las decisiones de los consumidores relacionadas con eventos deportivos o días festivos patrióticos.

Aprovechar los conocimientos culturales en las estrategias de marketing

Las empresas pueden controlar los conocimientos culturales para crear estrategias de marketing más efectivas que conecten con su público objetivo.

Estos son algunos consejos prácticos para las empresas que buscan influir en los conocimientos culturales en sus esfuerzos de marketing:

Investiga el público objetivo

Es esencial investigar y comprender el trasfondo cultural del público objetivo para crear campañas de marketing efectivas.

Esto puede implicar la realización de encuestas o grupos focales para obtener información sobre sus valores, creencias y costumbres.

Personaliza los mensajes de marketing

Una vez que tengas una mejor comprensión de la cultura de tu público objetivo, adapta tus mensajes de marketing para que resuenen con sus valores y creencias.

Por ejemplo, si te diriges a un público multicultural, considera la posibilidad de ofrecer tus productos y servicios en varios idiomas o utilizar imágenes culturalmente relevantes en tus campañas publicitarias.

Respeta las diferencias culturales

Es importante respetar las diferencias culturales y evitar los estereotipos en tus campañas de marketing. Sea sensible a las normas y costumbres culturales y asegúrese de que sus mensajes de marketing no ofendan ni alienen a su público objetivo.

Asóciate con personas influyentes culturales

Asociarse con personas influyentes en la cultura, como celebridades o líderes comunitarios, puede ayudar a su empresa a conectarse con su público objetivo a un nivel más profundo.

Considera la posibilidad de colaborar con personas influyentes que compartan los valores y creencias de tu marca para crear campañas de marketing auténticas que resuenen con tu audiencia.

La cultura desempeña un papel importante en la configuración del comportamiento del consumidor, y las empresas deben comprender y aprovechar estos conocimientos culturales para crear estrategias de marketing efectivas.

Al investigar el público objetivo, adaptar los mensajes de marketing, respetar las diferencias culturales y asociarse con personas influyentes culturales, las empresas pueden conectarse con su público objetivo a un nivel más profundo y construir una marca sólida que resuene con sus clientes.

Influencia de las subculturas en el comportamiento del consumidor

El comportamiento del consumidor está influenciado por varios factores, y las subculturas son uno de ellos. Las subculturas son grupos de personas que comparten creencias, valores y comportamientos similares que difieren de los de la cultura dominante.

Estas subculturas pueden tener un impacto significativo en la forma en que los consumidores toman decisiones e interactúan con los productos y servicios. En este capítulo, descubriremos la influencia de las subculturas en el comportamiento del consumidor.

Las subculturas son diversas y pueden basarse en una variedad de factores, como la edad, el género, la religión, el origen étnico o incluso los pasatiempos e intereses. Los miembros de las subculturas a menudo tienen patrones de consumo y preferencias únicas que difieren de la cultura en general.

Estos patrones de consumo pueden ser impulsados por experiencias, valores y normas compartidas dentro de la subcultura.

La influencia de las subculturas en el comportamiento del consumidor se puede ver en varios aspectos del proceso de compra. En primer lugar, las subculturas pueden influir en la forma en que los consumidores perciben los productos o servicios.

Por ejemplo, una subcultura que valora la vida sostenible puede preferir productos que sean respetuosos con el medio ambiente, mientras que una subcultura que valora el lujo y el estatus puede preferir productos de alta gama y exclusivos.

Los miembros de una subcultura también pueden tener diferentes necesidades y preferencias en lo que respecta al embalaje, la publicidad y los mensajes de marketing.

En segundo lugar, las subculturas pueden influir en la forma en que los consumidores evalúan los productos o servicios. Los miembros de una subcultura pueden utilizar diferentes criterios para evaluar los productos en función de sus valores y normas.

Por ejemplo, una subcultura que valora la salud y el bienestar puede priorizar el valor nutricional de un producto por encima de su sabor o conveniencia.

En tercer lugar, las subculturas pueden influir en la forma en que los consumidores toman decisiones de compra. Los miembros de una subcultura pueden ser más propensos a comprar productos que se alineen con sus valores y creencias. Las subculturas también pueden influir en dónde compran los consumidores, cuánto están dispuestos a pagar y su lealtad a determinadas marcas o minoristas.

Es importante que las empresas comprendan la influencia de las subculturas en el comportamiento del consumidor, ya que puede afectar el éxito de sus esfuerzos de marketing. Por ejemplo, una empresa que quiera dirigirse a una subcultura puede necesitar adaptar sus mensajes de marketing y ofertas de productos para alinearse con los valores y preferencias de esa subcultura. Al hacerlo, pueden aumentar su atractivo y obtener una ventaja competitiva en ese segmento de mercado.

Las subculturas pueden tener un impacto significativo en el comportamiento del consumidor. Pueden influir en la forma en que los consumidores perciben, evalúan y toman decisiones de compra.

Como tal, las empresas deben comprender los valores y normas de las diferentes subculturas para comercializarlas de manera efectiva. Al hacerlo, pueden construir relaciones más sólidas con sus consumidores objetivo y aumentar sus posibilidades de éxito.

La familia y su influencia en el comportamiento del consumidor del individuo

La familia es considerada como la institución social más importante de la sociedad humana. Sirve como la unidad primaria para la socialización, donde los individuos aprenden normas culturales, valores y creencias.

Como tal, la familia desempeña un papel crucial en la formación de las actitudes y comportamientos de un individuo, incluido su comportamiento de consumo. En este capítulo, exploraremos la influencia de la familia en el comportamiento del consumidor.

La familia es la primera y más importante fuente de socialización para un individuo. Proporciona un marco para comprender las normas, los valores y las creencias sociales.

Los padres, hermanos y otros miembros de la familia sirven como modelos a seguir, y las personas aprenden de su comportamiento, actitudes y valores. Los miembros de la familia también brindan apoyo emocional y psicológico, que es esencial para el bienestar de una persona.

La influencia de la familia en el comportamiento del consumidor se puede ver de varias maneras. Por ejemplo, los padres desempeñan un papel crucial en la formación del comportamiento de consumo de sus hijos. Son los principales responsables de la toma de decisiones cuando se trata de comprar productos y servicios para la familia.

Los niños aprenden del comportamiento y las actitudes de sus padres hacia diversos productos y marcas, y estas percepciones pueden dar forma a sus preferencias y elecciones más adelante en la vida.

Del mismo modo, los hermanos también desempeñan un papel en la configuración del comportamiento de consumo de un individuo. Los hermanos suelen ser el primer grupo de iguales con el que interactúa una persona, y pueden influir en sus actitudes y comportamientos hacia diversos productos y servicios.

Pueden compartir intereses y preferencias similares, y sus opiniones pueden moldear las actitudes y comportamientos de un individuo hacia varios productos y marcas.

Además, la familia también desempeña un papel crucial en la formación de los valores y creencias culturales de un individuo. La cultura es un conjunto de creencias, valores, costumbres y prácticas compartidas que definen a un grupo o sociedad. La familia es la principal fuente de transmisión cultural, donde los individuos aprenden sobre las normas, valores y creencias de su cultura.

Estos valores y creencias culturales pueden influir en las actitudes y comportamientos de un individuo hacia diversos productos y marcas.

Por ejemplo, en algunas culturas, los valores y tradiciones familiares son muy valorados, y las personas pueden priorizar las necesidades familiares sobre sus necesidades individuales. En tales casos, los productos y servicios orientados a la familia pueden ser más atractivos para las personas de esas culturas.

Del mismo modo, en algunas culturas, la frugalidad y el ahorro son muy valorados, y las personas pueden ser más conscientes de los precios a la hora de tomar decisiones de compra.

La familia desempeña un papel crucial en la formación de las actitudes y comportamientos de un individuo, incluido su comportamiento de consumo. Los padres, hermanos y otros miembros de la familia sirven como modelos a seguir y brindan apoyo emocional y psicológico, que es esencial para el bienestar de un individuo.

La influencia de la familia en el comportamiento del consumidor se puede ver de varias maneras, como la configuración de las preferencias y elecciones de un individuo hacia diversos productos y marcas e influir en sus valores y creencias culturales.

Como tal, los especialistas en marketing deben ser conscientes de la importancia de la unidad familiar en la configuración del comportamiento del consumidor y diseñar sus estrategias de marketing en consecuencia.

Adopción y difusión de innovaciones

La adopción y difusión de innovaciones es un área de estudio fascinante que analiza cómo se adoptan y difunden nuevos productos y servicios en la sociedad. A medida que se introducen nuevas ideas, pasan por un proceso de adopción y difusión, que puede tener un impacto significativo en el éxito de la innovación.

En este capítulo, descubriremos las diferentes etapas de adopción y difusión, los factores que influyen en la adopción y cómo las empresas pueden utilizar este conocimiento para introducir con éxito nuevos productos y servicios.

Etapas de adopción y diffusion

La adopción y difusión de las innovaciones se puede dividir en cinco etapas: concienciación, interés, evaluación, ensayo y adopción. Cada etapa representa un nivel diferente de compromiso con la innovación, siendo la adopción el objetivo final.

La primera etapa, la concienciación, se produce cuando las personas se dan cuenta por primera vez de la existencia de la innovación. Esto puede suceder a través de varios canales, como la publicidad, el boca a boca o la cobertura de los medios. En esta etapa, la gente aún no está interesada en la innovación y es posible que ni siquiera sepa mucho sobre ella.

La segunda etapa, el interés, ocurre cuando las personas se interesan en la innovación y comienzan a buscar más información sobre ella. Esto puede suceder a través de una mayor investigación, hablando con otras personas que tengan experiencia con la innovación o leyendo reseñas y calificaciones.

La tercera etapa, la evaluación, ocurre cuando las personas comienzan a evaluar la innovación y determinan si se ajustaría bien a sus necesidades. Esto puede implicar comparar la innovación con otras opciones, considerar sus ventajas e inconvenientes, y sopesar los costos frente a los beneficios.

La cuarta etapa, el ensayo, ocurre cuando las personas realmente prueban la innovación por sí mismas. Esto puede implicar un período de prueba gratuito, una prueba de manejo o una compra a pequeña escala.

Finalmente, la quinta etapa, la adopción, ocurre cuando las personas adoptan completamente la innovación y comienzan a usarla regularmente. En esta etapa, la innovación se ha convertido en parte de la vida de las personas, y es probable que continúen usándola en un futuro cercano.

Factores que influyen en la adopción

Numerosos factores pueden influir en la adopción y difusión de innovaciones. Entre ellas se encuentran:
1. Ventaja relativa: el grado en que la innovación se percibe como mejor que las alternativas existentes.
2. Compatibilidad: el grado en que se percibe que la innovación es coherente con los valores, experiencias y necesidades existentes.
3. Complejidad: el grado en que la innovación se percibe como difícil de entender y utilizar.
4. Probabilidad: el grado en que se puede probar la innovación antes de comprometerse con la adopción completa.
5. Observabilidad: el grado en que los beneficios y el uso de la innovación pueden ser observados por otros.
6. Influencia social: el grado en que la innovación es respaldada o recomendada por otros, como amigos, familiares o expertos.

Con este conocimiento, las empresas pueden diseñar sus estrategias de marketing y promoción para abordar estos factores y fomentar la adopción. Por ejemplo, pueden destacar las ventajas relativas de la innovación, hacer hincapié en su compatibilidad con los valores y necesidades existentes, y ofrecer pruebas o demostraciones gratuitas para fomentar la capacidad de prueba.

La adopción y difusión de innovaciones es un proceso complejo que puede tener un impacto significativo en el éxito de nuevos productos y servicios. Al comprender las diferentes etapas de adopción, los factores que influyen en la adopción y cómo diseñar estrategias de marketing efectivas, las empresas pueden aumentar las posibilidades de adopción y difusión exitosas.

En última instancia, la adopción y difusión de innovaciones puede provocar cambios significativos en la sociedad e impulsar el progreso y la innovación.

Motivación, personalidades y estilos de vida

La motivación, la personalidad y los estilos de vida son factores importantes que influyen en el comportamiento del consumidor. Comprender estos factores puede ayudar a las empresas a crear estrategias de marketing y productos efectivos que atraigan a su público objetivo.

La motivación es la fuerza impulsora detrás del comportamiento del consumidor. Se puede definir como los factores internos o externos que influyen en el comportamiento de un individuo hacia un determinado objetivo. Los consumidores están motivados para comprar productos o servicios que satisfagan sus necesidades, deseos o anhelos. Estas necesidades pueden ser fisiológicas, de seguridad, sociales, de estima o de autorrealización.

La personalidad es otro factor importante que afecta el comportamiento del consumidor.

Se refiere al conjunto único de rasgos, características y comportamientos que definen a un individuo. La personalidad se puede clasificar en los Cinco Grandes rasgos de personalidad, que incluyen apertura, escrupulosidad, extraversión, amabilidad y neuroticismo. Los consumidores con diferentes personalidades se sienten atraídos por diferentes productos y servicios.

Por ejemplo, las personas que están abiertas a nuevas experiencias son más propensas a probar nuevos productos o servicios, mientras que las que son más concienzudas pueden preferir marcas establecidas con una buena reputación.

El estilo de vida también es un factor importante en el comportamiento del consumidor. Se refiere a la forma en que viven los individuos, incluidas sus actividades, intereses, opiniones y valores. Los consumidores con diferentes estilos de vida tienen diferentes preferencias y necesidades.

Por ejemplo, las personas que llevan un estilo de vida activo pueden estar más interesadas en productos relacionados con el deporte o alimentos saludables, mientras que aquellos que valoran la sostenibilidad pueden preferir productos ecológicos.

Comprender la motivación, la personalidad y el estilo de vida de los consumidores es esencial para que las empresas creen estrategias de marketing efectivas. Los profesionales del marketing pueden utilizar diversas técnicas, como la segmentación del mercado, la orientación y el posicionamiento, para adaptar sus productos y servicios a grupos de consumidores específicos.

Por ejemplo, una empresa puede desarrollar una nueva línea de productos ecológicos dirigidos a consumidores con un fuerte estilo de vida ambiental.

La motivación, la personalidad y el estilo de vida son factores importantes que influyen en el comportamiento del consumidor. Al comprender estos factores, las empresas pueden desarrollar estrategias de marketing y productos efectivos que atraigan a su público objetivo. En última instancia, el éxito de una empresa depende de su capacidad para comprender y satisfacer las necesidades y deseos de sus clientes.

Percepción

La percepción se refiere a la forma en que los individuos organizan e interpretan la información sensorial para dar sentido a su entorno. En el contexto del comportamiento del consumidor, la percepción desempeña un papel crucial en la forma en que los consumidores perciben y reaccionan a los estímulos de marketing, como los anuncios, los envases y el diseño de productos.

Hay varios factores que influyen en la percepción, incluidas las experiencias pasadas, las expectativas, los motivos y los antecedentes culturales del individuo. Por ejemplo, las personas que han tenido experiencias positivas con una marca en particular pueden ser más propensas a percibir sus productos como de alta calidad, mientras que aquellos que han tenido experiencias negativas pueden percibirlos como de baja calidad.

Un aspecto importante de la percepción es el concepto de atención selectiva, que se refiere a la tendencia de los individuos a centrar su atención en ciertos aspectos de su entorno mientras ignoran otros.

En el contexto del marketing, esto significa que es más probable que los consumidores noten los anuncios y otros estímulos de marketing que son relevantes para sus necesidades e intereses, mientras que ignoran los que no lo son.

Otro concepto importante es la distorsión selectiva, que se refiere a la tendencia de los individuos a interpretar la información de una manera que sea coherente con sus creencias y actitudes existentes.

Por ejemplo, los consumidores que son escépticos de una marca en particular pueden ser más propensos a interpretar cualquier información negativa sobre esa marca como una confirmación de sus creencias, mientras ignoran la información positiva.

La percepción también puede verse influenciada por factores externos como el contexto en el que se presenta la información. Por ejemplo, los consumidores pueden percibir el mismo producto de manera diferente dependiendo de si se presenta en una tienda de alta gama o en una tienda de descuento.

La percepción es un factor crucial en el comportamiento del consumidor, ya que influye en la forma en que los individuos perciben y reaccionan a los estímulos de marketing. Comprender los factores que influyen en la percepción puede ayudar a los especialistas en marketing a diseñar estrategias de marketing más efectivas que suenen con su público objetivo.

Aprendizaje y socialización

El aprendizaje y la socialización juegan un papel crucial en la configuración del comportamiento del consumidor. A medida que las personas navegan por su entorno e interactúan con los demás, adquieren conocimientos y desarrollan actitudes y comportamientos que influyen en sus decisiones de compra.

El aprendizaje puede definirse como un cambio relativamente permanente en el comportamiento como resultado de la experiencia. Ocurre a través de muchos procesos, incluyendo el condicionamiento clásico, el condicionamiento operante y el aprendizaje observacional.

El condicionamiento clásico es el proceso por el cual un estímulo previamente neutral, como el logotipo de una marca, se asocia con una respuesta, como un sentimiento o emoción positiva, a través del emparejamiento repetido con otro estímulo que provoca naturalmente esa respuesta, como el respaldo de una celebridad.

El condicionamiento operante, por otro lado, implica el uso de recompensas y castigos para moldear el comportamiento. Por ejemplo, un consumidor que recibe un descuento o un regalo después de realizar una compra es más probable que repita ese comportamiento en el futuro.

El aprendizaje observacional ocurre cuando los individuos observan el comportamiento de los demás y luego modelan ese comportamiento. Por ejemplo, un niño que ve a sus padres usando una marca particular de detergente para ropa puede desarrollar una preferencia por esa marca.

La socialización también juega un papel importante en la configuración del comportamiento del consumidor. La socialización se refiere al proceso por el cual los individuos aprenden y adoptan los valores, creencias y normas de su cultura y sociedad. Este proceso comienza en la infancia y continúa a lo largo de la vida de un individuo.

La familia es un agente primario de socialización y puede tener una influencia significativa en el comportamiento del consumidor.

Los niños aprenden sobre productos y marcas de sus padres y hermanos, y los miembros de la familia a menudo influyen en las decisiones de compra de los demás.

Los pares y los grupos de referencia también desempeñan un papel en la socialización de los individuos y en la configuración de su comportamiento como consumidores.

Las personas a menudo buscan la aprobación de sus compañeros y pueden adoptar sus actitudes y comportamientos para encajar en un grupo en particular.

El aprendizaje y la socialización son factores esenciales que influyen en el comportamiento del consumidor. A medida que los individuos interactúan con su entorno y con quienes los rodean, adquieren conocimientos y desarrollan actitudes y comportamientos que dan forma a sus decisiones de compra.

Comprender estos procesos puede ayudar a los especialistas en marketing a comprender mejor a su público objetivo y crear estrategias de marketing más efectivas.

Actitudes y emociones

Las actitudes y las emociones juegan un papel importante en el comportamiento del consumidor. Una actitud se refiere a la evaluación general de una persona de un objeto o idea, mientras que las emociones se refieren a los estados afectivos específicos que los individuos experimentan en respuesta a diversos estímulos.

Tanto las actitudes como las emociones pueden influir en el proceso de toma de decisiones de un consumidor y, en última instancia, afectar su comportamiento.

Las actitudes se pueden formar a través de una variedad de fuentes, incluida la experiencia directa, la comunicación de los demás y los valores y creencias personales. Estas actitudes pueden ser positivas, negativas o neutras y pueden cambiar con el tiempo debido a diversos factores.

Por ejemplo, una persona puede desarrollar una actitud positiva hacia una marca después de probarla por primera vez, o puede desarrollar una actitud negativa hacia un producto después de escuchar críticas negativas de amigos o familiares.

Las emociones también pueden influir en el comportamiento del consumidor. Los especialistas en marketing a menudo utilizan apelaciones emocionales en la publicidad para provocar una respuesta emocional particular de los consumidores que puede conducir a un aumento de las compras.

Por ejemplo, una empresa puede utilizar un anuncio conmovedor para evocar emociones positivas en los consumidores y crear una conexión entre la marca y el consumidor. Por el contrario, una empresa puede utilizar mensajes basados en el miedo para evocar emociones negativas y animar a los consumidores a tomar medidas, como comprar un producto que ofrezca protección.

La personalidad y el estilo de vida también juegan un papel en el comportamiento del consumidor. La personalidad se refiere al conjunto único de características que definen a un individuo, como su nivel de extroversión o apertura a nuevas experiencias. El estilo de vida se refiere al patrón de comportamientos y actividades en los que se involucra un individuo y cómo asigna su tiempo y recursos.

Los profesionales del marketing utilizan la segmentación de la personalidad y el estilo de vida para comprender mejor a su público objetivo y adaptar sus esfuerzos de marketing en consecuencia. Por ejemplo, una empresa que se dirige a consumidores aventureros puede utilizar imágenes y mensajes que atraigan a personas con altos niveles de apertura a nuevas experiencias.

Capítulo 7

Proceso de decisión

Comprender el proceso de decisión y el modelo de comportamiento del consumidor

El comportamiento del consumidor es un proceso complejo que involucra muchos factores que influyen en las elecciones y decisiones que toman las personas al comprar productos o servicios.

Comprender este proceso y el modelo de comportamiento del consumidor puede ayudar a las empresas a desarrollar estrategias de marketing efectivas que satisfagan las necesidades y preferencias de su público objetivo. En este capítulo, investigaremos el proceso de decisión y el modelo de comportamiento del consumidor para proporcionar una visión general de cómo los consumidores toman decisiones de compra.

Proceso de Decisión del Comportamiento del Consumidor

El proceso de decisión del comportamiento del consumidor se puede dividir en cinco etapas: reconocimiento del problema, búsqueda de información, evaluación de alternativas, decisión de compra y evaluación posterior a la compra. Estas etapas no siempre son lineales, y los consumidores pueden omitir algunas etapas o participar en ellas al mismo tiempo.

1. Reconocimiento de problemas

La primera etapa en el proceso de decisión del comportamiento del consumidor es el reconocimiento del problema. En esta etapa, los consumidores toman conciencia de un problema o necesidad que requiere una solución. Esto podría ser desencadenado por un estímulo externo, como un anuncio o una experiencia personal, o un estímulo interno, como el hambre o la sed.

2. Búsqueda de información

Una vez que los consumidores reconocen un problema o necesidad, comenzarán a buscar información sobre las opciones disponibles para resolverlo. Esto podría implicar buscar consejos de amigos y familiares, navegar por Internet o visitar tiendas físicas para examinar los productos.

3. Evaluación de alternativas

Después de recopilar información sobre las opciones disponibles, los consumidores las evaluarán en función de varios criterios, como el precio, la calidad, las características y los beneficios. Este proceso de evaluación ayuda a los consumidores a determinar qué opción se adapta mejor a sus necesidades y preferencias.

4. Decisión de compra

Después de evaluar las opciones disponibles, los consumidores tomarán una decisión de compra. Esta decisión podría estar influenciada por varios factores, como la reputación de la marca, la disponibilidad del producto y el precio.

La decisión de compra también podría verse afectada por factores externos, como influencias culturales y sociales.

5. Evaluación posterior a la compra

La etapa final en el proceso de decisión del comportamiento del consumidor es la evaluación posterior a la compra. En esta etapa, los consumidores evaluarán el producto o servicio que compraron en función de sus expectativas y experiencias.

Si el producto o servicio cumple con sus expectativas, es probable que se conviertan en clientes leales y recomienden el producto o servicio a otros.

Sin embargo, si el producto o servicio no cumple con sus expectativas, es probable que lo devuelvan o cambien a un competidor.

Modelo de Comportamiento del Consumidor

El modelo de comportamiento del consumidor es un marco teórico que describe cómo los consumidores toman decisiones de compra en función de diversos factores.

El modelo más utilizado del comportamiento del consumidor es el modelo Estímulo-Organismo-Respuesta (S-O-R), que sugiere que el comportamiento del consumidor está influenciado por tres factores: estímulos, organismos y respuesta.

1. Estímulos

Los estímulos se refieren a los factores externos que influyen en el comportamiento del consumidor, como los anuncios, las promociones y los envases. Estos estímulos pueden ser visuales, auditivos u olfativos, y desempeñan un papel fundamental en la formación de las percepciones y actitudes de los consumidores.

2. Organismo

El organismo se refiere a los factores internos que influyen en el comportamiento del consumidor, como la motivación, la percepción y el aprendizaje. Estos factores internos determinan cómo los consumidores interpretan y responden a los estímulos externos.

3. Respuesta

La respuesta se refiere a las acciones realizadas por los consumidores en respuesta a estímulos externos e internos. Estas acciones pueden implicar la compra de un producto, recomendarlo a otros o cambiar a un competidor.

Comprender el proceso de decisión y el modelo de comportamiento del consumidor es esencial para que las empresas desarrollen estrategias de marketing efectivas que satisfagan las necesidades y preferencias de su público objetivo.

Al considerar los factores externos e internos que influyen en el comportamiento del consumidor y las etapas del proceso de decisión, las empresas pueden desarrollar campañas de marketing dirigidas y personalizadas que suenen con su audiencia. Al hacerlo, pueden mejorar la satisfacción del cliente, la lealtad y, en última instancia, sus resultados.

Cultura, etnicidad y subcultura

Cultura, etnicidad y subcultura son tres conceptos que están estrechamente entrelazados y tienen un impacto significativo en la forma en que las personas perciben el mundo que las rodea. Estos conceptos son complejos y multifacéticos, y desempeñan un papel crucial en la configuración de nuestras identidades, creencias y comportamientos.

La cultura se refiere a las creencias, valores, costumbres, comportamientos y artefactos compartidos que caracterizan a un grupo particular de personas.

Abarca todo, desde el idioma y la religión hasta las normas sociales y las tradiciones.

La cultura se aprende a través de la socialización, que es el proceso por el cual los individuos aprenden las costumbres, normas y valores de su sociedad.

La cultura puede expresarse a través del arte, la música, la literatura y otras formas de expresión creativa, y desempeña un papel importante en la configuración de la forma en que las personas piensan, actúan y se comunican.

La etnicidad, por otro lado, se refiere a una identidad compartida basada en factores como la raza, la nacionalidad, la religión, el idioma y la ascendencia. La etnicidad puede ser una fuerza poderosa en la formación del sentido de sí mismo de un individuo, y puede influir en la forma en que las personas perciben e interactúan con los demás.

El origen étnico también puede tener un impacto significativo en las oportunidades sociales y económicas, ya que las personas de ciertos grupos étnicos pueden sufrir discriminación o prejuicios.

La subcultura es un grupo de personas dentro de una sociedad más amplia que comparten valores, creencias y prácticas distintas que los diferencian de la cultura dominante.

Las subculturas a menudo surgen como una forma para que las personas encuentren un sentido de pertenencia e identidad dentro de una sociedad más grande.

Las subculturas pueden basarse en una amplia variedad de factores, como la música, la moda, los pasatiempos o las creencias políticas. Algunos ejemplos de subculturas son los rockeros punk, los jugadores y los góticos.

La relación entre cultura, etnicidad y subcultura es compleja e interdependiente. La cultura proporciona un marco para comprender el mundo que nos rodea, mientras que la etnicidad y la subcultura dan forma a nuestras identidades e influyen en la forma en que interactuamos con los demás.

La etnicidad puede verse como un subconjunto de la cultura, ya que es uno de los muchos factores que contribuyen a la identidad cultural. La subcultura, por otro lado, puede verse como un subconjunto tanto de la cultura como de la etnicidad, ya que implica una identidad compartida basada en valores y creencias comunes.

Comprender la compleja relación entre cultura, etnicidad y subcultura es esencial para construir sociedades más inclusivas y diversas. Al reconocer y valorar las diferentes perspectivas culturales y étnicas, podemos crear más oportunidades para que las personas de todos los orígenes prosperen.

Del mismo modo, al reconocer y apoyar las subculturas, podemos crear espacios para que las personas expresen sus identidades únicas y encuentren un sentido de pertenencia dentro de una sociedad más amplia.

Visión global del modelo de comportamiento del consumidor

El estudio del comportamiento del consumidor se ha vuelto cada vez más importante en el mercado global actual. Comprender cómo y por qué los consumidores toman decisiones de compra es crucial para las empresas que buscan tener éxito en un entorno competitivo.

La visión global del modelo de comportamiento del consumidor tiene en cuenta diversos factores culturales, sociales y económicos que influyen en el comportamiento del consumidor en diferentes países y regiones.

El modelo de comportamiento del consumidor consta de varias etapas, que incluyen el reconocimiento del problema, la búsqueda de información y la evaluación de alternativas, la decisión de compra y la evaluación posterior a la compra.

Sin embargo, la visión global de este modelo tiene en cuenta varios factores adicionales que son específicos de las diferentes regiones y culturas. Estos factores incluyen los valores culturales, las normas sociales, las condiciones económicas y las regulaciones gubernamentales.

Los valores culturales son un componente crítico del modelo global de comportamiento del consumidor. Los valores culturales pueden influir en las preferencias, actitudes y comportamientos de los consumidores hacia los productos y servicios.

Por ejemplo, en algunas culturas, hay un mayor énfasis en el individualismo y la autoexpresión, mientras que en otras; Hay un mayor énfasis en el colectivismo y los valores comunitarios.

Estas diferencias culturales pueden influir en todo, desde los tipos de productos y servicios que compran los consumidores hasta los mensajes publicitarios y de marketing que son más efectivos.

Las normas sociales son otra consideración importante en el modelo de comportamiento del consumidor global. Las normas sociales pueden influir en la forma en que los consumidores perciben y evalúan los productos y servicios.

Por ejemplo, en algunas culturas, hay un fuerte énfasis en la conformidad y en seguir a la multitud, mientras que en otras, hay un mayor énfasis en el individualismo y en destacar entre la multitud.

Comprender estas normas sociales puede ayudar a las empresas a desarrollar mensajes de marketing que resuenen entre los consumidores y generen lealtad a la marca.

Las condiciones económicas también son una consideración importante en el modelo de comportamiento del consumidor global. Los factores económicos como los ingresos, el empleo y la inflación pueden influir en el comportamiento de los consumidores al afectar su poder adquisitivo y su disposición a gastar.

Por ejemplo, en tiempos de recesión económica, los consumidores pueden ser más sensibles a los precios y pueden ser más propensos a buscar descuentos y promociones.

Las regulaciones gubernamentales son otra consideración importante en el modelo global de comportamiento del consumidor.

Las regulaciones gubernamentales pueden influir en todo, desde los tipos de productos que están disponibles para los consumidores hasta la forma en que se comercializan y venden los productos.

Por ejemplo, en algunos países existen regulaciones estrictas sobre la comercialización de productos de alcohol y tabaco, mientras que en otros no hay restricciones.

Capítulo 8

CPI vs KPI

CPI vs KPI

El CPI y los KPI son métricas importantes que las empresas utilizan
para medir el rendimiento y evaluar su éxito. Sin embargo, se utilizan
para diferentes propósitos y tienen características distintas.

El CPI, o coste por impresión, es una métrica utilizada en publicidad
para medir el coste de generar una sola impresión de un anuncio.
Una impresión se refiere al número de veces que se muestra un
anuncio a un usuario, independientemente de si el usuario interactúa
o no con el anuncio.

El CPI se calcula dividiendo el coste total de la campaña publicitaria
por el número de impresiones generadas.

Cuanto más bajo sea el CPI, más rentable será la campaña
publicitaria.

KPI, o Indicador Clave de Rendimiento, es una métrica utilizada para
medir el rendimiento de una empresa en la consecución de sus
objetivos estratégicos. Los KPI son métricas específicas y medibles
que reflejan los factores críticos de éxito de una empresa.

Algunos ejemplos de KPI pueden ser los ingresos por ventas, la tasa
de retención de clientes o el tráfico del sitio web.

Los KPI se eligen en función de la estrategia y los objetivos generales
de la empresa y se utilizan para evaluar el progreso hacia esas metas.

Si bien el CPI y el KPI son métricas importantes, se utilizan para
diferentes propósitos. El CPI se utiliza principalmente para medir la
rentabilidad de las campañas publicitarias, mientras que los KPI se
utilizan para medir el rendimiento general del negocio.

El CPI se centra en una campaña de marketing específica, mientras que los KPI tienen un alcance más amplio y reflejan el rendimiento de toda la empresa.

Otra diferencia importante entre el CPI y el KPI es que el CPI es una métrica descriptiva, mientras que el KPI es una métrica prescriptiva. El CPI proporciona información sobre lo que ya ha sucedido, mientras que el KPI proporciona información sobre lo que se debe hacer para lograr objetivos específicos.

Los KPI se utilizan para guiar la toma de decisiones y la planificación estratégica, mientras que el CPI se utiliza para evaluar la eficacia de las decisiones pasadas.

Conexión de KPIs y CPIs

Cómo la medición de la eficacia de la publicidad puede afectar al rendimiento empresarial

En el mercado acelerado y competitivo de hoy en día, las empresas deben poder medir y evaluar sus esfuerzos publicitarios para mantenerse por delante de la competencia. Los indicadores clave de rendimiento (KPI) y el coste por impresión (CPI) son dos métricas que las empresas pueden utilizar para medir la eficacia de sus campañas publicitarias.

Al conectar los KPI y los CPI, las empresas pueden obtener información valiosa sobre el impacto de sus esfuerzos publicitarios en el rendimiento general del negocio.

Los KPI son fundamentales para que las empresas midan su éxito en el logro de los objetivos estratégicos. Los KPI deben ser específicos, medibles, alcanzables, relevantes y con un límite de tiempo.

Algunos ejemplos de KPI para campañas publicitarias pueden incluir métricas como los ingresos por ventas, las tasas de conversión o la participación del cliente. Al medir estos KPI, las empresas pueden obtener información sobre la eficacia de sus campañas publicitarias y realizar ajustes para mejorar el rendimiento.

El CPI, por otro lado, es una métrica que mide el costo de generar una sola impresión de un anuncio. El CPI puede proporcionar a las empresas información valiosa sobre la rentabilidad de sus campañas publicitarias.

Al calcular el CPI, las empresas pueden determinar las formas más rentables de llegar a su público objetivo y optimizar su gasto publicitario.

Conectar los KPI y los CPI puede ayudar a las empresas a comprender mejor el impacto de sus campañas publicitarias en el rendimiento general del negocio. Por ejemplo, si una empresa está ejecutando una campaña publicitaria con un CPI bajo pero bajas tasas de conversión, esto puede indicar que el anuncio está llegando a una gran audiencia pero no está atrayendo de manera efectiva a los clientes potenciales.

Al conectar el CPI con los KPI de la campaña, como las tasas de conversión o la participación de los clientes, las empresas pueden obtener información sobre la eficacia de sus esfuerzos publicitarios para lograr sus objetivos estratégicos.

Otro ejemplo de conexión de KPI y CPI es medir el impacto de las campañas publicitarias en el conocimiento de la marca. Si bien el conocimiento de la marca puede no ser un KPI medible, se puede medir indirectamente mediante el seguimiento de métricas como el tráfico del sitio web, la participación en las redes sociales o las búsquedas en línea.

Al conectar estas métricas con el CPI de la campaña publicitaria, las empresas pueden obtener información sobre la eficacia de sus esfuerzos publicitarios para aumentar el conocimiento de la marca.

Conectar los KPI y los CPI es una forma valiosa para que las empresas obtengan información sobre el impacto de sus esfuerzos publicitarios en el rendimiento general del negocio.

Los KPI proporcionan a las empresas métricas específicas para medir su éxito en el logro de los objetivos estratégicos, mientras que el CPI proporciona información sobre la rentabilidad de las campañas publicitarias.

Al conectar estas métricas, las empresas pueden comprender mejor la eficacia de sus esfuerzos publicitarios y tomar decisiones basadas en datos para mejorar el rendimiento.

Un camino hacia campañas exitosas

El arte del marketing digital

El marketing digital se ha convertido en un aspecto cada vez más importante de los negocios modernos, ya que las empresas buscan llegar, involucrar y servir al consumidor empoderado. Sin embargo, la creación de campañas de marketing digital exitosas requiere algo más que una comprensión básica de los principios de marketing. Requiere una metodología innovadora que sitúe al cliente en el centro del proceso.

El proceso de tres pasos, 3i Principios: **Iniciar**, **Iterar** e **Integrar**.
El primer paso, Iniciar, consiste en meterse en la cabeza del cliente con una profunda investigación del consumidor. Es esencial comprender los deseos, necesidades, preferencias e inclinaciones del consumidor para crear campañas efectivas que resuenen con ellos.

El segundo paso, Iterar, consiste en mejorar constantemente las campañas en función de los comentarios y las interacciones con los clientes. Esto requiere la voluntad de ajustar y refinar las campañas continuamente para garantizar que sean efectivas y atractivas.

Por último, Integrate implica la integración de actividades digitales en todos los canales, incluido el marketing tradicional. Esto crea campañas multicanal que se extienden más allá de los límites del marketing digital.

Una de las conclusiones clave de este capítulo es que la evolución del marketing digital no se trata de marcas; Se trata de que los consumidores ejerzan un mayor control sobre sus elecciones.

Esta toma de conciencia es el punto de partida para crear e implementar campañas más efectivas que reflejen los deseos y necesidades del consumidor. El Arte del Marketing Digital proporciona una metodología simple e implementable que permite a las empresas crear campañas que se alinean con las elecciones y preferencias del cliente.

Otro aspecto crítico del marketing digital es la necesidad de una interacción real con el cliente. En lugar de decirle al cliente qué pensar, el marketing digital implica averiguar lo que ya piensa y partir de ahí.

Esto requiere la voluntad de ajustar y refinar las campañas continuamente en función de las interacciones reales con clientes reales todos los días. El marketing digital opera dentro de su propio paradigma, y El Arte del Marketing Digital abre la puerta para tu próxima campaña.

Capítulo 9

Comercio electrónico

Modelos de comercio electrónico

Elegir el modelo de negocio adecuado para tu tienda online

El comercio electrónico se ha convertido en un aspecto crítico de los negocios modernos, ya que las tiendas en línea ofrecen a los clientes una forma conveniente y accesible de comprar. Sin embargo, con tantos modelos diferentes de comercio electrónico disponibles, elegir el adecuado puede ser un desafío. En este capítulo, buscaremos algunos de los modelos de comercio electrónico más populares y te ayudaremos a elegir el adecuado para tu tienda online.

- De empresa a consumidor (B2C)

El modelo Business-to-Consumer (B2C) es el modelo de comercio electrónico más común, en el que las empresas venden directamente a los clientes a través de su tienda online. En este modelo, las empresas suelen encargarse de todo, desde el desarrollo de productos hasta el marketing y el cumplimiento de pedidos. Este modelo funciona mejor para pequeñas empresas o startups que quieren vender directamente a los clientes sin necesidad de intermediarios.

- De empresa a empresa (B2B)

El modelo Business-to-Business (B2B) implica que las empresas vendan sus productos o servicios a otras empresas. Este modelo es popular en industrias como la manufacturera, donde las empresas requieren materias primas y componentes para producir sus productos. En este modelo, las tiendas online actúan como intermediarias, conectando a las empresas con los proveedores y facilitando las transacciones.

- De consumidor a consumidor (C2C)

El modelo de consumidor a consumidor (C2C) es un mercado en línea donde las personas pueden comprar y vender bienes o servicios a otras personas. Este modelo es popular en plataformas como eBay y Craigslist, que permiten a las personas vender artículos que ya no necesitan. Este modelo es el más adecuado para las personas que desean vender sus propios productos o servicios sin la necesidad de una tienda física.

- Dropshipping

El dropshipping es un modelo de comercio electrónico único en el que el propietario de la tienda no tiene inventario. En su lugar, el propietario de la tienda trabaja con un proveedor que mantiene el inventario y envía los productos directamente al cliente. Este modelo es popular entre los empresarios que desean iniciar un negocio de comercio electrónico sin la necesidad de una inversión inicial en inventario.

- Basado en suscrCPI iones

El modelo basado en suscrCPI ión implica que los clientes paguen una tarifa regular por el acceso a productos o servicios. Este modelo es popular entre las empresas que ofrecen una gama de productos o servicios, como software o contenido multimedia. En este modelo, los clientes pagan una cuota mensual o anual por el acceso a estos productos o servicios, y las empresas pueden garantizar un flujo regular de ingresos.

Elegir el modelo de comercio electrónico adecuado para su tienda en línea es fundamental para su éxito.

Ya sea que elija un modelo B2C, B2B, C2C, Dropshipping o basado en suscrCPI ión, es esencial comprender las fortalezas y debilidades de cada modelo y seleccionar el que mejor se adapte a sus objetivos comerciales.

Con el modelo de comercio electrónico adecuado, puede crear una tienda en línea que ofrezca a los clientes una experiencia de compra fluida y conveniente.

Canales de comunicación (redes sociales, Internet)

La aparición de los canales de comunicación digitales ha transformado la forma en que las empresas se conectan con sus clientes. Las redes sociales e internet han revolucionado la forma en que accedemos a la información e interactuamos con los demás.

Estos canales se han vuelto cada vez más importantes para las empresas, ya que brindan una forma de conectarse con los clientes en tiempo real y construir relaciones que impulsan el compromiso y la lealtad.

Las redes sociales se han convertido en una parte integral de nuestra vida diaria, proporcionando una plataforma para que nos conectemos con otros y compartamos nuestras experiencias. También se han convertido en una herramienta clave para que las empresas lleguen a su público objetivo.

Con más de 3.600 millones de usuarios de redes sociales en todo el mundo, las redes sociales brindan a las empresas una oportunidad sin precedentes para conectarse con sus clientes a escala global.
A través de las redes sociales, las empresas pueden interactuar con los clientes compartiendo contenido relevante y útil, promocionando sus productos y servicios y respondiendo a las consultas e inquietudes de los clientes.

La publicidad en las redes sociales también se ha convertido en una herramienta importante para que las empresas lleguen a su público objetivo, ya que las redes sociales ofrecen una serie de opciones publicitarias para ayudar a las empresas a alcanzar sus objetivos.

Internet también ha transformado la forma en que las empresas se comunican con sus clientes. Los sitios web, los blogs y el marketing por correo electrónico se han convertido en canales de comunicación clave para las empresas, ya que proporcionan una plataforma para compartir información, establecer relaciones y promocionar productos y servicios.

Las empresas pueden utilizar sitios web y blogs para proporcionar a los clientes información sobre sus productos y servicios, así como para interactuar con los clientes a través de comentarios y opiniones.

El marketing por correo electrónico se ha convertido en una forma eficaz para que las empresas lleguen directamente a sus clientes, y las campañas de correo electrónico proporcionan una plataforma para promocionar productos, compartir información y establecer relaciones con los clientes.

Al crear campañas de correo electrónico dirigidas, las empresas pueden personalizar sus comunicaciones, haciéndolas más relevantes y atractivas para sus clientes.

Los dispositivos móviles han transformado aún más la forma en que las empresas se comunican con sus clientes. Las aplicaciones móviles se han convertido en una herramienta importante para que las empresas interactúen con los clientes, proporcionando una plataforma para que los clientes compren, compartan y se conecten con las empresas sobre la marcha.

Las aplicaciones de mensajería móvil, como WhatsApp y WeChat, también se han convertido en importantes canales de comunicación, lo que permite a las empresas brindar atención al cliente en tiempo real y responder rápidamente a consultas e inquietudes.

Digital Marketing

El marketing electrónico, también conocido como marketing digital, es una forma poderosa de promocionar productos y servicios a través de varios canales de medios electrónicos. El objetivo del marketing electrónico es llegar al público objetivo a través de una variedad de canales, incluidos el correo electrónico, las redes sociales, los dispositivos móviles y los sitios web.

Para desarrollar un plan de marketing electrónico exitoso, las empresas deben considerar varios factores clave. En primer lugar, es importante comprender al público objetivo y su comportamiento en línea. Esto incluye identificar los tipos de dispositivos que utilizan, los sitios web que visitan y las plataformas de redes sociales que más utilizan.

A continuación, las empresas deben determinar sus objetivos de marketing, como aumentar el conocimiento de la marca, generar clientes potenciales o impulsar las ventas. Con estos objetivos en mente, las empresas pueden desarrollar una estrategia para cada canal que planean utilizar.
El marketing por correo electrónico es una forma popular y eficaz de llegar directamente a los clientes.

Consiste en enviar mensajes promocionales a una lista de correo electrónico de suscriptores que han optado por recibir comunicaciones. Las empresas pueden utilizar el marketing por correo electrónico para promocionar productos, compartir contenido y establecer relaciones con los clientes.

La personalización es clave en el marketing por correo electrónico, ya que es más probable que los clientes interactúen con mensajes que se adapten a sus intereses y necesidades.

El marketing en redes sociales es otro aspecto importante del marketing electrónico. Las plataformas de redes sociales como Facebook, Instagram y Twitter ofrecen a las empresas una forma de conectarse con los clientes, establecer relaciones y promocionar productos y servicios.

Es importante elegir las plataformas que se alineen con el público objetivo y los objetivos comerciales. Por ejemplo, si el público objetivo son principalmente profesionales, LinkedIn puede ser la mejor plataforma para usar.

El marketing móvil es un componente crucial del marketing electrónico. Con más personas que utilizan dispositivos móviles para acceder a Internet, las empresas deben asegurarse de que sus sitios web y campañas de marketing estén optimizados para dispositivos móviles. El marketing móvil incluye tácticas como el marketing por SMS, las aplicaciones móviles y los sitios web optimizados para dispositivos móviles.

Por último, las empresas deben considerar su sitio web como un componente clave de su plan de marketing electrónico. Un sitio web bien diseñado y fácil de usar puede atraer y retener clientes, mientras que un sitio web mal diseñado puede alejarlos.

Un sitio web debe estar optimizado para los motores de búsqueda, ser fácil de navegar y proporcionar a los clientes información valiosa sobre productos y servicios.

El desarrollo de un plan de marketing electrónico exitoso requiere que las empresas comprendan a su público objetivo, identifiquen sus objetivos de marketing y desarrollen estrategias para cada canal que planean utilizar.

Al implementar tácticas como el marketing por correo electrónico, el marketing en redes sociales, el marketing móvil y la optimización de sitios web, las empresas pueden llegar e interactuar de manera efectiva con sus clientes en la era digital.

Estrategias de Marketing Electrónico

Diferenciación y posicionamiento

En el mundo digital actual, las estrategias de marketing electrónico se han convertido en un factor clave para que las empresas sigan siendo competitivas y aumenten su base de clientes. Entre las estrategias más importantes se encuentran la diferenciación y el posicionamiento. Estas estrategias tienen como objetivo hacer que los productos o servicios de una empresa se destaquen de sus competidores y posicionarlos en la mente de los clientes.

Estrategia de diferenciación La diferenciación es una estrategia que consiste en crear productos o servicios únicos y deseables que sean diferentes de los ofrecidos por la competencia. Un producto o servicio diferenciado puede ayudar a una empresa a destacarse en un mercado abarrotado, atraer nuevos clientes y retener a los existentes.

La diferenciación se puede lograr a través de varios medios, como las características del producto, la calidad, el diseño y el servicio al cliente.

En el marketing electrónico, la diferenciación es particularmente relevante porque los clientes tienen acceso a una gran cantidad de información sobre productos y servicios a través de Internet. Por lo tanto, las empresas deben centrarse en crear una propuesta de venta única (USP) que las diferencie de sus competidores.

Esta USP se puede comunicar a través de varios canales, como las redes sociales, el marketing por correo electrónico y la publicidad en línea.

Por ejemplo, Apple se ha diferenciado con éxito de sus competidores centrándose en un diseño elegante y moderno, hardware de alta calidad y una integración perfecta en todos sus productos.

Las campañas publicitarias de la empresa destacan estas características y enfatizan los beneficios que aportan al cliente.

Estrategia de posicionamiento El posicionamiento es una estrategia que consiste en crear una imagen o percepción específica de los productos o servicios de una empresa en la mente de los clientes.

Esta estrategia se utiliza a menudo para dirigirse a un segmento particular del mercado y puede basarse en factores como el precio, la calidad, las características y el servicio al cliente.

En el marketing electrónico, el posicionamiento se puede lograr a través de diversos medios, como la optimización de motores de búsqueda (SEO), el marketing de contenidos y el marketing en redes sociales.

Mediante el uso de estas herramientas, las empresas pueden crear contenido que resuene con su público objetivo y los posicione como expertos en su campo.

Por ejemplo, Nike se ha posicionado con éxito como una marca premium que ofrece ropa y calzado deportivo de alta calidad. Las campañas publicitarias de la compañía a menudo presentan a los mejores atletas y enfatizan los beneficios de rendimiento de sus productos. Este posicionamiento ha permitido a Nike dirigirse a clientes que valoran la calidad y están dispuestos a pagar una prima por ella.

La diferenciación y el posicionamiento son dos estrategias clave de marketing electrónico que pueden ayudar a las empresas a destacarse en un mercado saturado y atraer nuevos clientes.

Al centrarse en crear una propuesta de venta única y posicionarse como expertos en su campo, las empresas pueden comunicar eficazmente su propuesta de valor a los clientes y construir relaciones a largo plazo con ellos.

En el mundo digital actual, es más importante que nunca que las empresas controlen estas estrategias para seguir siendo competitivas y hacer crecer su base de clientes.

El marketing electrónico, o e-marketing, se refiere a la práctica de utilizar tecnologías digitales para promocionar y vender productos o servicios. En el panorama digital cada vez más competitivo, es importante que las empresas se destaquen y se diferencien de sus competidores.

Una forma de hacerlo es a través de estrategias de diferenciación y posicionamiento.

Las estrategias de diferenciación implican la creación de una propuesta de valor única para tu producto o servicio que lo diferencie de la competencia. Esto se puede lograr a través de una variedad de medios, como ofrecer características o beneficios únicos, centrarse en un mercado objetivo específico o enfatizar una imagen de marca en particular.

Al crear un punto claro de diferenciación, las empresas pueden atraer a clientes que buscan algo específico o diferente de lo que ofrecen sus competidores.

Un ejemplo de una estrategia de diferenciación exitosa en el marketing electrónico es el enfoque de Apple en el diseño y la experiencia del usuario. Los productos de Apple son conocidos por su diseño elegante e innovador, lo que los diferencia de los competidores que pueden priorizar diferentes factores como el precio o las características.

Al enfatizar el diseño como un diferenciador clave, Apple ha creado una base de clientes leales que valoran la apariencia y la experiencia del usuario de la marca.

Las estrategias de posicionamiento, por otro lado, implican identificar un lugar único en el mercado y adaptar sus esfuerzos de marketing para atraer a esa audiencia específica. Esto puede implicar dirigirse a un grupo demográfico en particular, enfatizar un beneficio o característica específica, o posicionar el producto o servicio como la mejor opción dentro de una determinada categoría.

Al posicionar su producto o servicio de una manera que resuene con su mercado objetivo, puede aumentar el conocimiento de la marca y atraer clientes que tienen más probabilidades de estar interesados en lo que tiene para ofrecer.

Un ejemplo de una estrategia de posicionamiento exitosa en el marketing electrónico es el enfoque de Amazon en la conveniencia y el servicio al cliente. Al enfatizar el envío rápido y fácil, las devoluciones sin complicaciones y las recomendaciones personalizadas, Amazon se ha posicionado como el destino ideal para las compras en línea.

Esto ha ayudado a la empresa a construir una base de clientes leales que aprecian la facilidad y conveniencia de usar la plataforma.

Para implementar con éxito estrategias de diferenciación y posicionamiento en e-marketing, es importante realizar una investigación de mercado exhaustiva e identificar a su público objetivo.

Al comprender las necesidades, preferencias y puntos débiles de sus clientes, puede adaptar su mensaje y propuesta de valor de una manera que resuene con ellos. También es importante realizar un seguimiento y analizar continuamente sus resultados, y ajustar su estrategia según sea necesario para asegurarse de mantenerse por delante de la competencia.

Fuentes de información de marketing

Benchmarking e Indicadores

El marketing consiste en recopilar, analizar y utilizar información para crear estrategias eficaces y tomar decisiones informadas. Para lograr esto, los especialistas en marketing necesitan acceso a varias fuentes de información de marketing.

Dos fuentes comunes de información de marketing son la evaluación comparativa y los indicadores.

La evaluación comparativa es un proceso de comparación del desempeño de una empresa con el de sus competidores o los estándares de la industria. Este proceso permite a las empresas identificar las áreas en las que se están quedando cortas y las áreas en las que sobresalen. Al comparar su rendimiento con las mejores prácticas de otras empresas, los profesionales del marketing pueden conocer nuevas técnicas, procesos y estrategias que pueden ayudar a mejorar su propio rendimiento.

La evaluación comparativa se puede hacer de varias maneras. La más común es a través de un estudio de evaluación comparativa, que implica recopilar y analizar datos de diversas fuentes, como informes de la industria, publicaciones comerciales y estadísticas gubernamentales. Estos datos se pueden utilizar para identificar las mejores prácticas e indicadores de rendimiento para una industria o mercado en particular.

Otra forma de comparar es comparando las métricas de rendimiento, como las ventas, los ingresos y la cuota de mercado, con las de los competidores o los líderes del sector. Este tipo de evaluación comparativa permite a las empresas medir su rendimiento frente a los mejores de la industria e identificar las áreas en las que necesitan mejorar.

Los indicadores, por otro lado, son factores medibles que proporcionan información sobre el estado actual de un mercado, industria o empresa. Estos factores se pueden utilizar para supervisar el rendimiento, identificar tendencias e informar la toma de decisiones.

Los indicadores de marketing pueden incluir métricas como el tráfico del sitio web, las tasas de conversión, las puntuaciones de satisfacción del cliente y las tasas de participación en las redes sociales. Al monitorear estas métricas a lo largo del tiempo, los especialistas en marketing pueden identificar cambios en el comportamiento de los clientes, las tendencias del mercado y la efectividad de las campañas de marketing.

El uso de benchmarking e indicadores en marketing tiene muchas ventajas.
Estas herramientas permiten a las empresas:

- Identifique áreas de mejora y conozca las nuevas mejores prácticas.
- Establezca metas y realice un seguimiento del progreso hacia esas metas.
- Supervise los cambios en el comportamiento de los clientes y las tendencias del mercado.
- Tome decisiones informadas basadas en información basada en datos

La evaluación comparativa y los indicadores son fuentes valiosas de información de marketing que pueden ayudar a las empresas a mantenerse competitivas y tomar decisiones informadas. Mediante el uso de estas herramientas, los profesionales del marketing pueden identificar áreas de mejora, establecer objetivos, realizar un seguimiento del progreso y mantenerse al día de los cambios en el mercado.

Características de los consumidores online

El mundo del comercio electrónico ha revolucionado la forma en que hacemos negocios. Con cada vez más consumidores comprando en línea, se ha vuelto crucial para las empresas comprender las características de los consumidores en línea para desarrollar estrategias de marketing efectivas.

Uno de los aspectos más importantes del marketing online es el contenido. El contenido debe ser atractivo, informativo y relevante para el público objetivo. Los consumidores son bombardeados con información en línea, y solo el contenido que más llama la atención captará su interés. Por lo tanto, las empresas deben invertir en contenido de alta calidad que atraiga al público objetivo.

Otro aspecto clave del marketing online es la interacción. El mundo en línea es muy social y los consumidores esperan poder interactuar con las marcas de manera significativa. Esto puede incluir interacciones en las redes sociales, soporte de chat en línea o incluso recomendaciones personalizadas basadas en sus interacciones anteriores con la marca. Al proporcionar experiencias interactivas, las empresas pueden construir relaciones más sólidas con sus clientes y aumentar la lealtad de los clientes.

Los ciclos de marketing y el público objetivo también son consideraciones importantes en el marketing online. Las empresas deben desarrollar estrategias de marketing que tengan en cuenta las diferentes etapas del proceso de compra, desde el conocimiento hasta la consideración y la compra. Es importante dirigirse a segmentos específicos de la audiencia con mensajes y ofertas personalizados que se ajusten a sus necesidades y preferencias únicas.

Una forma eficaz de dirigirse a los consumidores es a través del marketing de embudo. Este enfoque implica crear un viaje en forma de embudo para los consumidores, comenzando con la conciencia y guiándolos a través de las diferentes etapas del proceso de compra hasta que realicen una compra.

El objetivo del marketing de embudo es guiar a los consumidores hacia una compra mientras se genera confianza y una buena relación en el camino.

En la era digital actual, el marketing online se ha convertido en una parte integral de la estrategia de marketing de todas las empresas. Como tal, comprender las características de los consumidores en línea es crucial para desarrollar campañas de marketing en línea efectivas.

En este capítulo, discutiremos la importancia del contenido, la interacción, los ciclos de marketing y el público objetivo, así como el marketing de embudo, para atraer y retener a los consumidores en línea.

Importancia del contenido

Una de las características más importantes de los consumidores en línea es su enfoque en el contenido. Los consumidores en línea no solo están interesados en comprar un producto o servicio; Quieren aprender más al respecto antes de tomar una decisión.

Esta es la razón por la que el marketing de contenidos se ha convertido en una parte tan vital de las estrategias de marketing online.

Al proporcionar contenido informativo, atractivo y relevante, las empresas pueden atraer y retener a los consumidores en línea. Por ejemplo, una empresa que vende productos para el cuidado de la piel puede crear un blog con artículos sobre consejos para el cuidado de la piel, reseñas de productos y fotos de antes y después para proporcionar información valiosa a los clientes potenciales.

Interacción para destacar

Otra característica clave de los consumidores en línea es su deseo de interacción. Los consumidores en línea quieren sentirse conectados con las marcas con las que interactúan, y las empresas que brindan formas para que los consumidores interactúen con ellas tienden a destacarse. Las plataformas de redes sociales, como Facebook, Instagram y Twitter, son excelentes herramientas para que las empresas interactúen con los consumidores en línea.

Las empresas pueden publicar actualizaciones, compartir reseñas de clientes y responder a comentarios y mensajes para generar confianza y establecer relaciones con su audiencia en línea.

Ciclos de marketing y público objetivo

Los ciclos de marketing y el público objetivo también son características importantes a tener en cuenta a la hora de desarrollar estrategias de marketing online. Los consumidores en línea tienen diferentes necesidades e intereses, por lo que las empresas deben adaptar sus esfuerzos de marketing en consecuencia. Por ejemplo, una empresa que vende equipos de fitness puede querer dirigirse a los consumidores interesados en la salud y el bienestar.

Al identificar su público objetivo, las empresas pueden crear campañas de marketing específicas que respondan a los intereses y necesidades de sus clientes.

Marketing de embudo

Por último, el marketing de embudo es una característica fundamental del marketing online. El objetivo del marketing de embudo es guiar a los clientes potenciales a través del embudo de ventas, desde el conocimiento hasta la compra.

Al crear contenido atractivo y utilizar publicidad dirigida, las empresas pueden atraer clientes potenciales a su sitio web y mantenerlos comprometidos con la marca.

A medida que el consumidor avanza por el embudo, las empresas pueden proporcionar más información sobre sus productos o servicios, generar confianza y, en última instancia, llevar al consumidor a realizar una compra.

Publicidad en Internet: tendencias y formatos (técnicas de fidelización, programas de afiliación y SEO)

La publicidad en Internet se ha convertido en una poderosa herramienta para que las empresas lleguen a sus clientes y promocionen sus productos y servicios.

Con el creciente uso de Internet, la publicidad en línea se ha convertido en una necesidad para que las empresas sigan siendo competitivas en el mercado.

En este capítulo, descubriremos las últimas tendencias y formatos de publicidad en Internet, centrándonos en las técnicas de fidelización, los programas de afiliados y los programas de optimización de motores de búsqueda (SEO).

Técnicas de fidelización

Una de las últimas tendencias en publicidad en Internet son las técnicas de fidelización. Se refiere al uso de recompensas e incentivos para retener a los clientes y fomentar la repetición de compras.

Los programas de fidelización pueden ayudar a las empresas a fidelizar a los clientes y mejorar las tasas de retención de clientes.

Por ejemplo, las empresas pueden ofrecer descuentos u ofertas especiales a sus clientes leales. Un ejemplo popular de un programa de lealtad es Starbucks Rewards, que ofrece puntos por compras que se pueden canjear por bebidas y alimentos gratis.

Programas de afiliados

Otra forma popular de publicidad en Internet son los programas de afiliados. Es una estrategia de marketing basada en el rendimiento en la que las empresas pagan a los afiliados una comisión por cada venta o cliente potencial generado a través de su referencia.

Los afiliados pueden ser personas o empresas que promocionan los productos o servicios del anunciante en su sitio web, blog o plataformas de redes sociales.

Esta puede ser una forma eficaz para que las empresas aumenten la visibilidad de su marca y atraigan más tráfico a su sitio web. Por ejemplo, Amazon Associates es un popular programa de afiliados que permite a las personas ganar una comisión promocionando productos de Amazon en su sitio web.

Programas de SEO

La optimización de motores de búsqueda (SEO) es un aspecto crucial de la publicidad en Internet. Los programas de SEO tienen como objetivo mejorar la visibilidad del sitio web de una empresa en las páginas de resultados de los motores de búsqueda (SERP) optimizando el contenido y la estructura del sitio web. Esto puede conducir a un aumento del tráfico y a mayores tasas de conversión.

Las técnicas de SEO pueden incluir la investigación de palabras clave, la optimización en la página, la creación de enlaces y el marketing de contenidos. Por ejemplo, un restaurante local puede utilizar estrategias de SEO para mejorar la clasificación de su sitio web en los motores de búsqueda y atraer a más clientes que buscan restaurantes en su zona.

Retos de la globalización del marketing electrónico

Pagos electrónicos y cuestiones de seguridad

La globalización del marketing electrónico ha abierto un mundo de oportunidades para que las empresas de todos los tamaños lleguen a los clientes de formas nuevas e innovadoras. Sin embargo, estas oportunidades conllevan nuevos desafíos, especialmente en lo que respecta a los pagos electrónicos y las cuestiones de seguridad.

En este capítulo, descubriremos algunos de los desafíos de la globalización del marketing electrónico y discutiremos las estrategias que las empresas pueden utilizar para superar estos desafíos.

Uno de los mayores desafíos de la globalización del marketing electrónico es la necesidad de navegar por diferentes entornos culturales y legales. Por ejemplo, lo que funciona en un país puede no ser efectivo en otro, debido a diferencias en el idioma, las costumbres y las regulaciones.

Para superar estos desafíos, las empresas deben realizar una investigación de mercado exhaustiva y adaptar sus estrategias a cada nuevo mercado. Esto puede implicar la traducción de contenidos a diferentes idiomas, la modificación de las campañas publicitarias para reflejar las costumbres y valores locales, y el cumplimiento de las normativas locales en materia de privacidad de datos y protección del consumidor.

Otro reto de la globalización del marketing electrónico es la necesidad de gestionar los pagos electrónicos y las cuestiones de seguridad. A medida que se realizan más y más transacciones en línea, las empresas deben asegurarse de que la información de pago de sus clientes esté segura y protegida contra el fraude.

Esto puede implicar la implementación de pasarelas de pago seguras, el cifrado de datos confidenciales y la supervisión y actualización periódica de los protocolos de seguridad para adelantarse a las amenazas emergentes.

Además, las empresas deben ser conscientes de la posibilidad de que surjan problemas de pago transfronterizos, como los tipos de cambio de divisas y los métodos de pago locales. Por ejemplo, en algunos países, los consumidores pueden preferir utilizar métodos de pago alternativos, como pagos móviles o monederos electrónicos, en lugar de las tarjetas de crédito tradicionales.

Las empresas deben ser conscientes de estas preferencias locales y asegurarse de ofrecer una gama de opciones de pago que sean convenientes y seguras para sus clientes.

Para superar estos desafíos, las empresas también pueden explorar el uso de técnicas de fidelización, programas de afiliados y optimización de motores de búsqueda (SEO) para impulsar el tráfico y aumentar las ventas.

Las técnicas de fidelización, como los programas de recompensas y las ofertas exclusivas, pueden ayudar a fidelizar a los clientes y fomentar la repetición de negocios, mientras que los programas de afiliados pueden ayudar a ampliar el alcance de una empresa asociándose con otras empresas o personas influyentes.

Las técnicas de SEO también pueden ayudar a mejorar la visibilidad de una empresa en las páginas de resultados de los motores de búsqueda, lo que facilita a los clientes potenciales encontrar sus productos o servicios en línea.

Necesidades tecnológicas

Mantenerse a la vanguardia en un mundo digital

La tecnología está a la vanguardia de todas las operaciones comerciales. Desde la comunicación hasta las ventas, la tecnología ha revolucionado la forma en que operan las empresas, haciéndoles más fácil llegar a los clientes y seguir siendo competitivas en sus respectivos mercados.

Para que las empresas prosperen, es importante tener una buena comprensión de las necesidades tecnológicas que pueden ayudar a impulsar el crecimiento y el éxito. Estas son algunas de las áreas clave en las que la tecnología puede cambiar las reglas del juego:

Infraestructura

Una infraestructura tecnológica sólida es vital para cualquier negocio. Esto incluye hardware, software y sistemas de red. La infraestructura de una empresa debe diseñarse para ser confiable, segura y escalable, para satisfacer las necesidades actuales y futuras.

Comunicación

La comunicación es clave en cualquier negocio. Los avances tecnológicos han facilitado que los empleados colaboren, compartan información y trabajen de forma remota.

Con el auge de las plataformas basadas en la nube, los miembros del equipo pueden acceder a documentos y archivos importantes desde cualquier lugar y en cualquier momento.

Marketing

El marketing digital se ha convertido en una parte vital de cualquier estrategia empresarial. Una fuerte presencia en línea puede ayudar a aumentar el conocimiento de la marca, atraer nuevos clientes y retener a los existentes.

Desde el marketing en redes sociales hasta las campañas de correo electrónico, la tecnología ha facilitado que las empresas se dirijan a la audiencia adecuada y midan la eficacia de sus esfuerzos de marketing.

Gestión de datos

Con la creciente cantidad de datos que recopilan las empresas, es importante contar con sistemas eficaces de gestión de datos. Esto incluye la seguridad, el almacenamiento y el análisis de datos. La tecnología puede ayudar a las empresas a dar sentido a sus datos, identificar tendencias y tomar decisiones informadas.

Gestión de las relaciones con los clientes

La tecnología ha facilitado a las empresas la gestión de las relaciones con los clientes. Con el software adecuado, las empresas pueden realizar un seguimiento de las interacciones con los clientes, responder a las consultas y personalizar su comunicación.

Esto conduce a una mayor satisfacción y lealtad del cliente.

Sin embargo, con los beneficios de la tecnología vienen los desafíos. Las amenazas de ciberseguridad y las violaciones de datos son cada vez más comunes, por lo que es vital que las empresas inviertan en medidas de seguridad para proteger sus datos y la información de sus clientes.

Las empresas deben mantenerse al día con los constantes cambios y avances en la tecnología, o corren el riesgo de quedarse atrás.

Marketing Relacional

Construir conexiones sólidas con los clients

El marketing relacional es un enfoque de marketing que se centra en la construcción de relaciones a largo plazo con los clientes. Implica crear una fuerte conexión emocional con los clientes al comprender sus necesidades, deseos y preferencias y brindar experiencias personalizadas.

Uno de los principales objetivos del marketing relacional es aumentar la lealtad y retención de los clientes. Al construir una relación sólida con los clientes, las empresas pueden crear una base de clientes leales que es más probable que continúen comprando sus productos o servicios.

Hay varios principios clave del marketing relacional, que incluyen:

1. Orientación al cliente: Este principio se centra en comprender las necesidades y preferencias del cliente y crear una experiencia personalizada para él.

2. Enfoque a largo plazo: El marketing relacional no es una estrategia a corto plazo. Implica construir una relación a largo plazo con los clientes que se extienda más allá de las transacciones individuales.

3. Fomento de la confianza: La confianza es un componente fundamental de cualquier relación, incluida la relación entre una empresa y sus clientes. El marketing relacional implica generar confianza siendo transparente, honesto y confiable.

4. Co-creación de valor: El marketing relacional no se trata solo de vender productos o servicios. También se trata de crear valor para el cliente involucrándolo en el proceso de desarrollo del producto y adaptando los productos a sus necesidades.

5. Comunicación bidireccional: La comunicación efectiva es esencial para construir relaciones sólidas. El marketing relacional implica escuchar los comentarios de los clientes, responder a sus necesidades y participar en una comunicación continua.

Un ejemplo de marketing relacional es el programa de fidelización. Muchas empresas ofrecen programas de fidelización que recompensan a los clientes por sus compras repetidas. Estos programas están diseñados para incentivar a los clientes a continuar haciendo negocios con la empresa, construyendo una relación a largo plazo en el proceso.

Otro ejemplo es el marketing personalizado. Con el auge del big data y la analítica avanzada, las empresas ahora pueden recopilar grandes cantidades de datos sobre sus clientes, incluidas sus preferencias, historial de compras y comportamiento.

Estos datos se pueden utilizar para crear campañas de marketing personalizadas que resuenen con los clientes individuales, construyendo una relación más sólida en el proceso.

En el panorama empresarial actual, no basta con vender un producto o servicio a un cliente y pasar al siguiente. Las empresas deben centrarse en construir relaciones a largo plazo con sus clientes, y aquí es donde entra en juego el marketing relacional.

El marketing relacional consiste en construir y mantener conexiones sólidas con los clientes. Va más allá de la simple publicidad o promoción de un producto para crear clientes leales que sigan regresando. El marketing relacional implica comprender las necesidades y deseos de los clientes y crear estrategias para satisfacer esas necesidades y generar confianza a lo largo del tiempo.

Uno de los componentes clave del marketing relacional es la creación de experiencias personalizadas para los clientes. Esto implica recopilar datos sobre los clientes, como sus preferencias, intereses e historial de compras, y utilizar esta información para crear campañas de marketing personalizadas.

Por ejemplo, si un cliente ha comprado previamente zapatillas para correr, una empresa podría enviarle un correo electrónico personalizado con información sobre nuevos lanzamientos de zapatillas para correr o próximas carreras en su área.

Otro aspecto del marketing relacional es centrarse en la satisfacción y los comentarios de los clientes. Las empresas deben escuchar a sus clientes y responder a sus necesidades e inquietudes con prontitud. Esto no solo ayuda a generar confianza, sino que también puede generar información valiosa que puede ayudar a mejorar los productos o servicios.

Además de las experiencias personalizadas y los comentarios de los clientes, otra estrategia en el marketing relacional es crear un sentido de comunidad.

Las empresas pueden crear foros en línea o grupos de redes sociales donde los clientes puedan interactuar entre sí y con la empresa. Esto crea un sentido de pertenencia y lealtad, lo que puede conducir a un aumento de las ventas y al boca a boca positivo.

El marketing relacional no solo se trata de construir conexiones sólidas con los clientes, sino también de comprender todo su viaje.

Esto incluye no solo la experiencia de compra, sino también la experiencia posterior a la compra. Las empresas deben asegurarse de que los clientes estén satisfechos con sus compras y seguir interactuando con ellos incluso después de la venta. Esto puede llevar a compras repetidas y a una reputación positiva.

Uno de los retos del marketing relacional es que requiere una importante inversión de tiempo y recursos.

La recopilación de datos de los clientes, la creación de experiencias personalizadas y la respuesta a los comentarios requieren tiempo y esfuerzo. Sin embargo, los beneficios del marketing relacional pueden superar con creces los costos.

Branding en Medios Electrónicos

Cómo construir una marca fuerte en línea

En la era digital actual, la marca se ha convertido en un componente crítico de cualquier estrategia de marketing. Con el auge de los medios electrónicos, las empresas necesitan establecer una fuerte presencia de marca en línea para seguir siendo competitivas y conectarse con su público objetivo.

En este capítulo, descubriremos la importancia de la marca en los medios electrónicos y brindaremos algunos consejos sobre cómo construir una marca fuerte en línea.

¿Qué es el Branding en Medios Electrónicos?

El branding en medios electrónicos se refiere al proceso de creación de una identidad única para tu negocio o producto en el mundo online. Implica el uso de varias plataformas digitales, como redes sociales, sitios web y anuncios en línea, para establecer y promocionar su marca. El objetivo es crear una marca reconocible y memorable que resuene con su público objetivo y lo diferencie de sus competidores.

Importancia del Branding en los Medios Electrónicos

La marca en los medios electrónicos es crucial por varias razones. En primer lugar, ayuda a establecer credibilidad y confianza con su audiencia. Una fuerte presencia de marca en línea puede ayudar a fidelizar a los clientes, mejorar su reputación y aumentar su visibilidad general.

En segundo lugar, el branding en los medios electrónicos te permite diferenciarte de tus competidores. Con la gran cantidad de contenido disponible en línea, es importante tener una marca única y reconocible que lo diferencie de los demás en su industria. Esto puede ayudarte a atraer nuevos clientes y retener a los existentes.

Por último, la marca en los medios electrónicos puede ayudar a aumentar la eficacia de sus esfuerzos de marketing. Al crear una marca fuerte, puede crear seguidores leales y aumentar el compromiso con su audiencia, lo que genera más conversiones y mayores ventas.

Consejos para construir una marca fuerte en los medios electrónicos

1. Desarrolla una estrategia de marca: Antes de empezar a construir tu marca online, es importante tener una estrategia clara. Esto debe incluir los valores fundamentales de tu

marca, el público objetivo, los mensajes y la identidad visual. Al desarrollar una estrategia de marca amplia, puede garantizar la coherencia en todas sus plataformas digitales y crear una experiencia de marca cohesiva para su audiencia.

2. Crea una historia de marca convincente: Una historia de marca convincente puede ayudar a humanizar tu marca y conectar con tu audiencia a nivel emocional. Debe resaltar la propuesta de valor única de su marca y transmitir la misión y el propósito de su empresa.

3. Sé consistente: La consistencia es clave para construir una marca fuerte en línea. Asegúrese de que sus mensajes e identidad visual sean coherentes en todas sus plataformas digitales. Esto incluye su sitio web, redes sociales, marketing por correo electrónico y anuncios en línea.

4. Ventajas de las redes sociales: Las redes sociales son una herramienta poderosa para crear conciencia y compromiso con la marca. Utiliza las redes sociales para conectar con tu audiencia, compartir contenido valioso y promocionar tu marca.

5. Utiliza elementos visuales: Los elementos visuales son un componente fundamental de la marca en los medios electrónicos. Utilice imágenes, videos y gráficos de alta calidad para crear una presencia de marca visualmente atractiva en línea.

6. Monitorea tu marca: Monitorear la reputación en línea de tu marca es esencial para mantener una fuerte presencia de marca. Esté atento a las menciones, reseñas y comentarios de

las redes sociales, y responda con prontitud a cualquier comentario negativo.

Construir una marca fuerte en los medios electrónicos es importante para cualquier empresa que busque tener éxito en la era digital.

Al desarrollar una estrategia de marca completa, crear una historia de marca convincente, ser consistente, aprovechar las redes sociales, usar imágenes y monitorear su marca, puede establecer una presencia de marca sólida y memorable en línea. Recuerde que la marca es un proceso continuo, así que continúe evaluando y ajustando su estrategia según sea necesario para mantenerse por delante de la competencia.

El Marketing Mix

¿Qué es y por qué es importante?

Si estás en el mundo de los negocios, es probable que hayas escuchado el término "mezcla de marketing" antes. Pero, ¿qué es exactamente y por qué es importante? En este capítulo, descubriremos el concepto de marketing mix, sus componentes y cómo puede ayudarte a tomar mejores decisiones comerciales.

¿Qué es el marketing mix?

La mezcla de marketing, también conocida como las "4 P", es un marco que ayuda a las empresas a desarrollar su estrategia de marketing. Consta de cuatro elementos:

Producto: Se refiere al elemento tangible o intangible que una empresa ofrece a sus clientes. Puede ser un producto físico, un servicio o un producto digital.

Precio: Se refiere a la cantidad de dinero que los clientes están dispuestos a pagar por el producto o servicio.

Es importante tener en cuenta factores como los costes de producción, la competencia y la demanda de los consumidores a la hora de fijar los precios.

Promoción: Se refiere a los métodos que utiliza una empresa para comunicar su producto o servicio a los clientes potenciales.
Podría incluir publicidad, relaciones públicas, promociones de ventas y ventas personales.

Lugar: Se refiere a los canales a través de los cuales los clientes pueden adquirir el producto o servicio. Podría incluir tiendas físicas, plataformas en línea o una combinación de ambas.

¿Por qué es importante el marketing mix?

La mezcla de marketing es importante porque ayuda a las empresas a tomar decisiones informadas sobre su estrategia de marketing. Al considerar cada uno de los cuatro elementos, las empresas pueden crear un plan de marketing que sea completo y adaptado a su público objetivo.

Por ejemplo, supongamos que estás lanzando un nuevo producto. Al utilizar el marco de marketing mix, consideraría las siguientes preguntas:

- ¿Cuál es el producto?
- ¿Cuánto debemos cobrar por ello?
- ¿Cómo lo vamos a promover?
- ¿Dónde podrán comprarlo los clientes?

Responder a estas preguntas te ayudará a desarrollar un plan de marketing completo que tenga en cuenta todos los aspectos del lanzamiento del producto.

Además, la mezcla de marketing puede ayudar a las empresas a mantenerse competitivas en su industria. Al analizar y ajustar continuamente su estrategia de marketing, las empresas pueden asegurarse de que satisfacen las necesidades de sus clientes y se mantienen por delante de la competencia.

El marketing mix es una herramienta poderosa que puede ayudar a las empresas a desarrollar estrategias de marketing efectivas.

Al considerar los cuatro elementos de producto, precio, promoción y lugar, las empresas pueden crear un plan de marketing completo que satisfaga las necesidades de sus clientes y los ayude a mantenerse competitivos en su industria. Si estás en el mundo de los negocios, es importante entender y utilizar la mezcla de marketing para garantizar el éxito de tus esfuerzos de marketing.

Planificación de campañas de marketing digital

El marketing digital se ha convertido en una parte esencial de la estrategia de marketing de cualquier empresa. Una campaña de marketing digital bien planificada puede ayudar a las empresas a llegar a su público objetivo, aumentar el conocimiento de la marca e impulsar las ventas.

Sin embargo, planificar una campaña de marketing digital puede ser complejo y abrumador. En este capítulo, proporcionaremos una guía sobre cómo planificar una campaña de marketing digital exitosa.

1. Define tu público objetivo: El primer paso para planificar una campaña de marketing digital es definir tu público objetivo. ¿A quién estás tratando de llegar con tu campaña? ¿Cuáles son sus intereses, comportamientos y preferencias? Al comprender a su público objetivo, puede crear contenido y mensajes que resuenen con ellos.

2. Establece tus objetivos: Una vez que hayas definido tu público objetivo, es hora de establecer tus objetivos para la campaña. ¿Qué quieres conseguir con tu campaña? ¿Desea aumentar el tráfico del sitio web, generar clientes potenciales o impulsar las ventas? Establecer objetivos claros y medibles te ayudará a realizar un seguimiento del éxito de tu campaña.

3. Elige tus canales de marketing digital: Hay una variedad de canales de marketing digital disponibles, como las redes sociales, el marketing por correo electrónico, la optimización de motores de búsqueda (SEO), la publicidad de pago por clic (PPC) y el marketing de contenidos. Elija los canales que sean más efectivos para llegar a su público objetivo y lograr sus objetivos.

4. Crea tu contenido: El contenido de tu campaña de marketing digital es crucial para su éxito. Tu contenido debe adaptarse a tu público objetivo y estar alineado con tus objetivos. Ya sea que se trate de publicaciones de blog, publicaciones en redes sociales, videos o infografías, asegúrese de que su contenido sea atractivo, informativo y valioso para su audiencia.

5. Desarrolla tu mensaje: Tu mensaje debe ser coherente en todos los canales de marketing digital. Debe comunicar los beneficios de sus productos o servicios y diferenciar su marca de la competencia. Asegúrate de que tu mensaje sea claro, conciso y fácil de entender.

6. Define tu presupuesto: Determina cuánto estás dispuesto a gastar en tu campaña de marketing digital. Tu presupuesto debe basarse en tus objetivos y en los canales que elijas utilizar. Asegúrate de asignar tu presupuesto sabiamente para maximizar tu retorno de la inversión.

7. Establece tu cronograma: Desarrolla un cronograma para tu campaña de marketing digital que incluya todas las tareas y plazos necesarios. Esto te ayudará a mantenerte en el camino correcto y garantizar que tu campaña se ejecute a tiempo.

8. Mide y analiza tus resultados: Una vez lanzada tu campaña, haz un seguimiento y mide tus resultados. Analice los datos para determinar qué está funcionando bien y qué necesita mejorar. Utilice esta información para tomar decisiones basadas en datos para optimizar su campaña.

Planificar una campaña de marketing digital requiere un enfoque estratégico que implica definir su público objetivo, establecer objetivos, elegir sus canales, crear contenido, desarrollar mensajes, definir su presupuesto, establecer un cronograma y medir y analizar sus resultados. Siguiendo estos pasos, las empresas pueden crear campañas de marketing digital efectivas que impulsen los resultados y logren sus objetivos estratégicos.

Creación de un presupuesto para campañas de marketing digital

El marketing digital se ha convertido en una parte integral de la estrategia de marketing de cualquier empresa. Sin embargo, con tantos canales de marketing digital disponibles, puede ser un desafío determinar el presupuesto necesario para una campaña exitosa. En este capítulo, proporcionaremos una guía sobre cómo crear un presupuesto para campañas de marketing digital.

1. Define tus objetivos: Antes de que puedas determinar tu presupuesto, debes definir tus objetivos. ¿Qué quieres conseguir con tu campaña de marketing digital? ¿Desea aumentar el tráfico del sitio web, generar clientes potenciales o impulsar las ventas? Una vez que tenga una comprensión clara de sus objetivos, puede determinar cuánto presupuesto se necesita para alcanzarlos.

2. Identifica a tu público objetivo: Tu público objetivo influirá en
   los canales y tácticas que utilices para tu campaña de
   marketing digital. Identifique los datos demográficos, los
   intereses y los comportamientos de su público objetivo, e
   investigue los canales que utilizan. Esta información te
   ayudará a determinar a qué canales asignar tu presupuesto.

3. Elige tus canales de marketing digital: En función de tu
   público objetivo y tus objetivos, elige los canales de marketing
   digital que utilizarás para tu campaña. Algunos canales
   comunes son las redes sociales, el marketing por correo
   electrónico, la optimización de motores de búsqueda (SEO),
   la publicidad de pago por clic (PPC) y el marketing de
   contenidos. Determine qué canales son más efectivos para
   llegar a su público objetivo y lograr sus objetivos.

4. Estima los costes: Una vez que hayas elegido tus canales de
   marketing digital, estima los costes asociados a cada canal.
   Ten en cuenta factores como el gasto publicitario, los
   honorarios de la agencia, los costes de software y los costes de
   creación de contenido. Es importante tener en cuenta que el
   costo de cada canal puede variar según la audiencia a la que
   te dirijas y las tácticas específicas que utilices.

5. Asigna tu presupuesto: En función de tus costos estimados,
   asigna tu presupuesto a cada canal de marketing digital.
   Considere el retorno de la inversión (ROI) para cada canal y
   priorice los canales que son más efectivos para lograr sus
   objetivos.

6. Controla tus gastos: Una vez que se lance tu campaña,
   monitorea tus gastos para asegurarte de que te mantienes

dentro de tu presupuesto. Utilice la analítica para realizar un seguimiento del rendimiento de cada canal y realizar los ajustes necesarios.

7. Evalúe el ROI: Una vez completada su campaña, evalúe el ROI de cada canal. Utilice esta información para informar futuras decisiones presupuestarias y optimizar su estrategia de marketing digital.

Crear un presupuesto para campañas de marketing digital requiere un enfoque estratégico que implica definir sus objetivos, identificar su público objetivo, elegir sus canales de marketing digital, estimar los costos, asignar su presupuesto, monitorear sus gastos y evaluar el ROI. Siguiendo estos pasos, las empresas pueden crear campañas de marketing digital efectivas que impulsen los resultados y logren sus objetivos estratégicos sin salirse de su presupuesto.

Cómo explotar las campañas de marketing digital para obtener el máximo retorno de la inversion

El marketing digital se ha convertido en la columna vertebral de muchas empresas, ayudándolas a llegar a su público objetivo y alcanzar sus objetivos comerciales. Sin embargo, no todas las campañas de marketing digital dan los resultados deseados. En este capítulo, descubriremos cómo las empresas pueden explotar sus campañas de marketing digital para obtener el máximo retorno de la inversión.

1. Define tu audiencia y tus objetivos: Entender a tu audiencia y definir objetivos claros es esencial para el éxito de cualquier campaña de marketing digital. Identificar a tu público objetivo te permite adaptar tu mensaje y contenido a sus necesidades y preferencias específicas. Los objetivos claros le permiten medir el éxito y ajustar sus estrategias según sea necesario.

2. Elige los canales adecuados: Existen numerosos canales de marketing digital disponibles, como las redes sociales, el marketing por correo electrónico, el SEO, el PPC y el marketing de contenidos. Sin embargo, no todos los canales son adecuados para todas las empresas. Elija los canales que sean más efectivos para llegar a su público objetivo y lograr sus objetivos.

3. Crea una estrategia de contenido increíble: El contenido es el corazón de cualquier campaña de marketing digital. Es crucial crear contenido relevante, de alta calidad y atractivo que resuene con su público objetivo. Invierte en la creación de una estrategia de contenido que se alinee con tus objetivos comerciales y las preferencias del público objetivo.

4. Utiliza información basada en datos: Los datos son una herramienta esencial para optimizar tus campañas de marketing digital. Utiliza los datos para supervisar el rendimiento de tus campañas y tomar decisiones basadas en datos para mejorar el ROI de tus campañas. Analice métricas como las tasas de clics, las tasas de conversión y las tasas de participación para determinar qué canales y tácticas funcionan mejor.

5. Ventaja de la automatización y la personalización: La automatización y la personalización son elementos clave para el éxito de las campañas de marketing digital. La automatización le permite agilizar los procesos y liberar recursos, mientras que la personalización le permite crear experiencias personalizadas para su público objetivo. Influir en estas herramientas para mejorar la eficiencia y la eficacia.

6. Implementa llamadas a la acción efectivas: Las llamadas a la acción (CTA) son fundamentales para convertir a los

prospectos en clientes. Asegúrate de que tus llamadas a la
acción sean claras, convincentes y relevantes para tu público
objetivo. Utiliza los datos para probar diferentes CTA y
determinar cuáles funcionan mejor.

7. Optimiza continuamente tus campañas: El marketing digital
no es un evento único, sino un proceso continuo. Optimice
continuamente sus campañas probando diferentes tácticas,
midiendo su impacto y ajustando sus estrategias según sea
necesario. Revisa regularmente tus campañas para asegurarte
de que están alineadas con tus objetivos comerciales y ofrecen
el máximo retorno de la inversión.

Cómo construir un equipo eficaz

Selección y análisis de personal

Seleccionar el personal adecuado para su negocio es esencial
para su éxito. El equipo adecuado puede marcar la diferencia,
mientras que el equipo equivocado puede ser perjudicial. Por
lo tanto, es crucial dedicar tiempo y esfuerzo a la selección y el
análisis del personal. En este capítulo, exploraremos algunas de
las mejores prácticas para seleccionar y analizar al personal.

1. Definir los requisitos del puesto: Antes de iniciar el proceso
de selección, es crucial definir los requisitos del puesto. Esto
incluye identificar las habilidades, la experiencia y los
conocimientos necesarios para el puesto. Definir claramente
los requisitos del puesto ayuda a garantizar que se atraigan a
los candidatos adecuados y se seleccione al más adecuado
para el puesto.

2. Desarrollar un proceso de selección: Desarrollar un proceso
de selección implica crear un plan para identificar y evaluar a
los posibles candidatos. Esto incluye la definición de los pasos

involucrados, como la realización de exámenes iniciales, entrevistas y evaluaciones. Un proceso de selección bien diseñado ayuda a garantizar que tomes decisiones de contratación objetivas e informadas.

3. Utiliza herramientas de evaluación objetiva: Las herramientas de evaluación objetiva, como las pruebas de habilidades, las pruebas de personalidad y las pruebas de capacidad cognitiva, pueden ayudarte a evaluar la idoneidad de los candidatos para el puesto. Estas herramientas proporcionan información valiosa sobre las habilidades, fortalezas y debilidades de un candidato, lo que lo ayuda a tomar decisiones de contratación informadas.

4. Realice verificaciones exhaustivas de antecedentes: Realizar verificaciones de antecedentes es esencial para garantizar que los posibles empleados tengan un historial limpio y no representen ningún riesgo para su negocio. Esto incluye la verificación de referencias, la realización de verificaciones de antecedentes penales y la verificación de la educación y el historial laboral.

5. Analiza las fortalezas y debilidades de tu equipo: Analizar las fortalezas y debilidades de tu equipo es esencial para construir un equipo efectivo. Esto implica identificar las habilidades y la experiencia que su equipo ya posee y las áreas en las que se necesitan habilidades o experiencia adicionales. Este análisis ayuda a garantizar que seleccione candidatos que complementen su equipo existente y llenen cualquier brecha de habilidades.

6. Proporcione capacitación y desarrollo continuos: Una vez que haya seleccionado a su equipo, la capacitación y el desarrollo continuos son cruciales para garantizar que sigan siendo

efectivos y productivos. Proporcionar capacitación periódica ayuda a su equipo a mantenerse actualizado con las últimas tendencias y tecnologías de la industria, mientras que las oportunidades de desarrollo les permiten crecer y avanzar dentro de su negocio.

7. Supervise el rendimiento y realice ajustes: Supervisar el rendimiento es esencial para garantizar que su equipo cumpla sus objetivos y contribuya al éxito de su negocio.
   La revisión periódica de los datos de rendimiento le ayuda a identificar las áreas en las que se pueden realizar mejoras y a realizar los ajustes necesarios.

La selección y el análisis del personal son fundamentales para crear un equipo eficaz. Al definir los requisitos del trabajo, desarrollar un proceso de selección, utilizar herramientas de evaluación objetiva, realizar verificaciones de antecedentes, analizar las fortalezas y debilidades de su equipo, brindar capacitación y desarrollo continuos y monitorear el desempeño, puede asegurarse de seleccionar al personal adecuado para su negocio y ayudarlo a tener éxito.

Gestión de la reputación

Construir y mantener la imagen de su negocio

En la era digital actual, la gestión de la reputación es más importante que nunca. La reputación de una empresa puede verse fácilmente dañada por las críticas negativas, los comentarios en las redes sociales y otros contenidos en línea. Por lo tanto, es crucial contar con una sólida estrategia de gestión de la reputación para construir y mantener la imagen de su empresa. En este capítulo, exploraremos algunas de las mejores prácticas para la gestión de la reputación.

1. Monitoree su presencia en línea: Monitorear su presencia en línea es esencial para asegurarse de que esté al tanto de cualquier comentario negativo, reseñas u otro contenido que pueda dañar la reputación de su negocio. Esto implica monitorear las plataformas de redes sociales, revisar sitios web y otros canales en línea donde se menciona su negocio.

2. Responder a las críticas negativas: Cuando recibes críticas o comentarios negativos, es esencial responder de manera profesional y oportuna. Responder a los comentarios negativos demuestra que estás escuchando las preocupaciones de tus clientes y que estás comprometido a resolver cualquier problema.

3. Promociona las reseñas positivas: Animar a tus clientes satisfechos a dejar reseñas positivas en los sitios web de reseñas y en las plataformas de redes sociales puede ayudar a construir la reputación de tu negocio. Las reseñas positivas actúan como prueba social y pueden ayudar a convencer a los clientes potenciales de que elijan su negocio en lugar de la competencia.

4. Construya una marca fuerte: Construir una marca fuerte puede ayudar a proteger la reputación de su negocio. Esto implica crear una identidad de marca única, comunicar constantemente los valores y mensajes de su marca y brindar un excelente servicio al cliente.

5. Interactúa con tu audiencia: Interactuar con tu audiencia en las redes sociales y otros canales en línea puede ayudar a construir una relación sólida con tus clientes. Esto implica responder a los comentarios, compartir contenido valioso y proporcionar información oportuna y útil.

6. Manténgase al día con las tendencias de la industria: Mantenerse al día con las tendencias de la industria y las mejores prácticas puede ayudarlo a anticipar posibles problemas y abordarlos de manera proactiva. Esto incluye revisar periódicamente la estrategia de gestión de la reputación de su empresa y realizar los ajustes necesarios.

7. Contrata a un experto en gestión de la reputación: Si tienes dificultades para gestionar la reputación de tu empresa, considera la posibilidad de contratar a un experto en gestión de la reputación. Estos profesionales tienen la experiencia y los conocimientos necesarios para ayudarle a construir y mantener la imagen de su empresa.

La gestión de la reputación es esencial para construir y mantener la imagen de su empresa en la era digital actual. Al monitorear su presencia en línea, responder a las críticas negativas, promover reseñas positivas, construir una marca sólida, interactuar con su audiencia, mantenerse actualizado con las tendencias de la industria y contratar a un experto en gestión de la reputación, puede proteger la reputación de su negocio y garantizar su éxito a largo plazo.

Gestión de crisis y atención al cliente

Estrategias clave para el éxito empresarial

En el acelerado entorno empresarial actual, la gestión de crisis y el servicio al cliente son esenciales para el éxito de cualquier organización.

Una crisis puede ocurrir en cualquier momento y puede afectar gravemente la reputación y los resultados de una empresa. Por lo tanto, es crucial contar con una sólida estrategia de gestión de crisis, junto con prácticas efectivas de servicio al cliente.

En este capítulo, exploraremos algunas de las mejores prácticas para la gestión de crisis y el servicio al cliente.

Gestión de crisis y tipos de crisis

Hay varios tipos de crisis a las que pueden enfrentarse las empresas, como los desastres naturales, los ciberataques, las retiradas de productos, los escándalos financieros, etc.

Es esencial identificar las posibles crisis que puedan afectar a tu negocio y desarrollar un plan para hacer frente a cada escenario.

Análisis de Crisis Potenciales

Realizar una evaluación de riesgos puede ayudarte a identificar posibles crisis y evaluar su probabilidad e impacto en tu negocio. Este análisis puede ayudarle a desarrollar un enfoque proactivo para gestionar posibles crisis.

Determinación de actores y enfoques operativos

Una vez que se han identificado las posibles crisis, es crucial determinar los actores involucrados en la gestión de la situación y los enfoques operativos necesarios para abordar la crisis.

Esto puede implicar la designación de un equipo de gestión de crisis y el establecimiento de protocolos de comunicación.

Enfoques preventivos y curativos

Una estrategia completa de gestión de crisis debe incluir enfoques preventivos y curativos. Los enfoques preventivos implican tomar medidas para minimizar la probabilidad de que ocurra una crisis, como la implementación de medidas de seguridad y la realización de evaluaciones periódicas de riesgos.

Los enfoques curativos implican abordar la crisis cuando ocurre, como la implementación de planes de respuesta a emergencias y la realización de comunicaciones de crisis.

Desarrollo de una Estrategia (Plan de Emergencia)

Una estrategia sólida de gestión de crisis debe incluir un plan de emergencia detallado que describa los pasos a seguir durante una crisis. Este plan debe incluir protocolos de comunicación, procedimientos de evacuación y otra información crítica.

Simulaciones y reflexiones frente a la gestión de crisis

La realización de simulaciones puede ayudar a su equipo de gestión de crisis a practicar la respuesta a posibles crisis e identificar cualquier brecha en su plan de emergencia. Las reflexiones después de una crisis también pueden ayudarte a identificar áreas de mejora y a realizar los cambios necesarios en tu estrategia de gestión de crisis.

Un servicio de atención al cliente eficaz es fundamental para fidelizar y mantener la fidelidad y la satisfacción de los clientes.

Algunas de las mejores prácticas para el servicio al cliente incluyen:

1. Responda a las consultas de los clientes de manera rápida y profesional.
2. Proporcionar información clara y concisa sobre productos y servicios.
3. Ir más allá para resolver los problemas y quejas de los clientes.
4. Trata a los clientes con respeto y empatía.
5. Recopilar regularmente comentarios de los clientes para identificar áreas de mejora.

La gestión de crisis y el servicio al cliente son esenciales para el éxito de cualquier negocio. Al identificar posibles crisis, desarrollar una estrategia completa de gestión de crisis e implementar prácticas efectivas de servicio al cliente, puede proteger la reputación de su empresa y garantizar la satisfacción del cliente.

La realización de simulaciones y reflexiones puede ayudarle a mejorar continuamente su estrategia de gestión de crisis y sus prácticas de servicio al cliente, garantizando el éxito a largo plazo de su negocio.

Propiedad Intelectual y Privacidad

En la era digital, la protección de la propiedad intelectual y los datos personales es crucial para las empresas que operan en medios electrónicos.

Esto incluye comprender las regulaciones legales como los derechos de autor, las marcas comerciales, las patentes, las licencias y las regulaciones de privacidad. Además de las consideraciones legales, las empresas también deben considerar el retorno potencial de la inversión (ROI) asociado con el marketing digital.

Las regulaciones de derechos de autor, marcas registradas, patentes y licencias existen para proteger la propiedad intelectual de una empresa.

Los derechos de autor protegen las obras originales de autoría, como el contenido escrito, las imágenes y los vídeos. Las marcas comerciales se utilizan para proteger la identidad de marca de una empresa, incluido su nombre, logotipo y eslogan.

Las patentes se conceden para nuevas invenciones o procedimientos que se consideran novedosos y no obvios. Las licencias son acuerdos legales que otorgan a alguien el derecho a usar propiedad intelectual, como software o música.

Violar estas regulaciones puede resultar en fuertes multas y consecuencias legales, por lo que es esencial que las empresas las entiendan y las cumplan.

Las regulaciones de privacidad, como el Reglamento General de Protección de Datos (GDPR) y la Ley de Privacidad del Consumidor de California (CCPA), están diseñadas para proteger la información personal de una persona. Estas regulaciones requieren que las empresas sean transparentes sobre cómo recopilan, usan y almacenan datos personales. El incumplimiento de estas normas puede acarrear consecuencias legales y daños a la reputación.

Medir el ROI del marketing digital puede ser un reto, ya que implica el seguimiento de múltiples métricas, como el tráfico del sitio web, las tasas de participación y las tasas de conversión.

Sin embargo, comprender y hacer un seguimiento del ROI es esencial para tomar decisiones informadas sobre dónde asignar los recursos. Al medir el ROI de diferentes campañas de marketing digital, las empresas pueden identificar qué estrategias son más efectivas y realizar ajustes para optimizar sus esfuerzos.

La gestión eficaz de los derechos de autor, las marcas registradas, las patentes, las licencias y las regulaciones de privacidad puede mejorar la reputación de una empresa, minimizar los riesgos legales y aumentar su retorno de la inversión. Al garantizar el cumplimiento legal y ético, las empresas pueden evitar multas legales y daños a la reputación, al tiempo que mejoran la confianza y la lealtad de los clientes.

El retorno de la inversión es un aspecto crucial del marketing electrónico, y las empresas deben desarrollar estrategias efectivas que se alineen con sus objetivos comerciales, se dirijan a la audiencia adecuada y midan la efectividad de sus campañas para mejorar el ROI.

Las empresas deben comprender las regulaciones legales y el ROI potencial asociado con el marketing electrónico. La gestión eficaz de los derechos de autor, las marcas registradas, las patentes, las licencias y las regulaciones de privacidad, así como la mejora del retorno de la inversión, son cruciales para el éxito del marketing electrónico.

Al cumplir con las consideraciones legales y éticas al desarrollar estrategias de marketing efectivas, las empresas pueden construir una fuerte presencia en línea, mejorar la reputación de su marca y generar ingresos sostenibles.

Capítulo 10

Analítica

Analítica

En el mundo actual, las empresas dependen en gran medida de los datos para tomar decisiones informadas. Como tal, es esencial que las organizaciones cuenten con un sistema confiable para rastrear y analizar datos digitales. Aquí es donde entran en juego los sistemas de seguimiento de datos digitales.

Los sistemas de seguimiento de datos digitales son soluciones de software que permiten a las organizaciones recopilar, analizar e interpretar datos de diversas fuentes, como sitios web, plataformas de redes sociales y aplicaciones móviles.

Estos sistemas están diseñados para ayudar a las empresas a obtener información sobre el comportamiento, las preferencias y los intereses de los clientes.
Una de las principales ventajas de los sistemas de seguimiento de datos digitales es su capacidad para proporcionar datos en tiempo real.

Esto significa que las empresas pueden reaccionar rápidamente a los cambios en el comportamiento de los consumidores y ajustar sus estrategias de marketing en consecuencia. Por ejemplo, si una empresa nota que un producto en particular está ganando popularidad entre un grupo demográfico específico, puede dirigir sus esfuerzos publicitarios hacia ese grupo.

Otro beneficio de los sistemas de seguimiento de datos digitales es su capacidad para proporcionar información detallada sobre el comportamiento del cliente. Al analizar datos como las tasas de clics, las tasas de rebote y las tasas de conversión, las empresas pueden obtener una mejor comprensión de lo que impulsa el comportamiento de los clientes. Esto, a su vez, les permite crear campañas de marketing más específicas y efectivas.

Además, los sistemas de seguimiento de datos digitales también pueden ayudar a las empresas a identificar áreas de su sitio web o aplicación que necesitan mejoras. Al realizar un seguimiento del comportamiento de los usuarios, las empresas pueden identificar las áreas en las que los usuarios abandonan o encuentran problemas. Esto permite a las empresas realizar cambios en su sitio web o aplicación para mejorar la experiencia del usuario.

Hay varios sistemas de seguimiento de datos digitales disponibles en el mercado, cada uno con sus propias características y capacidades únicas. Algunas opciones populares incluyen Google Analytics, Adobe Analytics y Mixpanel. A la hora de seleccionar un sistema de seguimiento de datos digitales, las empresas deben tener en cuenta sus necesidades y objetivos específicos, así como su presupuesto.

Comprender la medición de datos digitales

El mundo en el que vivimos hoy en día está más basado en datos que nunca. Creamos y consumimos datos digitales a gran escala, desde publicaciones en redes sociales hasta transacciones de comercio electrónico, desde investigaciones científicas hasta registros médicos. Pero, ¿cómo medimos estos datos? ¿Qué unidades de medida utilizamos para cuantificar la información digital?

En el mundo físico, utilizamos unidades de medida estándar como metros, kilogramos y segundos para cuantificar diferentes propiedades como la longitud, el peso y el tiempo. En el mundo digital, sin embargo, utilizamos diferentes unidades de medida que son específicas de las propiedades de los datos digitales. Las dos unidades de medida más comunes para los datos digitales son los bits y los bytes.

Un bit (abreviatura de dígito binario) es la unidad más pequeña de datos digitales. Es un 0 o un 1, que representa la presencia o ausencia de una señal eléctrica en un sistema digital. Un byte, por otro lado, es un grupo de ocho bits. Es la unidad de medida estándar para la mayoría de los dispositivos de almacenamiento digital y sistemas informáticos.

Cuando hablamos del tamaño de los archivos digitales, solemos utilizar bytes como unidad de medida. Por ejemplo, un archivo de 1 megabyte (MB) equivale a 1.048.576 bytes u 8.388.608 bits. Del mismo modo, un archivo de 1 gigabyte (GB) equivale a 1.073.741.824 bytes u 8.589.934.592 bits.

Cuando se trata de medir las tasas de transferencia de datos digitales, utilizamos una unidad de medida diferente llamada bits por segundo (bps). Esta unidad mide la cantidad de datos que se pueden transmitir a través de una red o un canal digital en un segundo. Por ejemplo, una red con una velocidad de transferencia de datos de 1 megabit por segundo (Mbps) puede transmitir 1 millón de bits de datos por segundo.

Además de los bits, bytes y bps, existen otras unidades de medida utilizadas en el mundo digital, como los kilobits por segundo (Kbps), los megabits por segundo (Mbps) y los gigabits por segundo (Gbps). Estas unidades se utilizan para medir las velocidades de transferencia de datos, las velocidades de la red y otras propiedades de los datos digitales.

La medición de datos digitales es un concepto importante que sustenta muchos aspectos de nuestra vida digital. Comprender las diferentes unidades de medida y sus aplicaciones puede ayudarnos a tomar decisiones informadas sobre el almacenamiento digital, las tasas de transferencia de datos y otros aspectos importantes de la tecnología digital.

Recopilación de datos digitales

El mundo se está volviendo cada vez más digital y, con él, la forma en que recopilamos y analizamos los datos también está cambiando. La recopilación de datos digitales es el proceso de recopilación de información mediante el uso de dispositivos y plataformas digitales.

Se ha convertido en una parte esencial de muchas industrias, incluidas la atención médica, las finanzas, el marketing y la investigación. En este capítulo, exploraremos qué es la recopilación de datos digitales, sus ventajas y desafíos, y algunos ejemplos de cómo se utiliza hoy en día.

¿Qué es la recopilación de datos digitales? La recopilación de datos digitales implica el uso de dispositivos y plataformas digitales para recopilar información.

Estos dispositivos incluyen teléfonos inteligentes, tabletas, computadoras portátiles y otras herramientas digitales que permiten a los usuarios ingresar datos directamente en una plataforma digital. Los datos pueden estar en varios formatos, como texto, imágenes, audio y video.

La recopilación digital de datos ofrece muchas ventajas sobre los métodos tradicionales de recopilación de datos. Es más rápido, más eficiente y más preciso. Los datos se pueden analizar en tiempo real y es más fácil compartir y colaborar en los datos con otros. También permite tamaños de muestra más grandes, lo que puede mejorar la precisión de la investigación.

Ventajas de la recopilación de datos digitales Una de las ventajas significativas de la recopilación de datos digitales es su rapidez y eficiencia. Los datos se pueden recopilar y procesar rápidamente, lo que es particularmente importante en industrias como la atención médica y las finanzas, donde la información oportuna es esencial.

La recopilación de datos digitales también es más precisa que los métodos tradicionales. Con los dispositivos digitales, los datos se pueden recopilar con mayor precisión, lo que reduce el riesgo de errores o inexactitudes. La recopilación de datos digitales se puede automatizar, lo que reduce el riesgo de error humano y ahorra tiempo.

Otra ventaja de la recopilación digital de datos es que permite el análisis en tiempo real. Con los métodos tradicionales, los datos tenían que recopilarse y luego analizarse manualmente, lo que requería mucho tiempo. Con la recopilación de datos digitales, los datos se pueden analizar en tiempo real, lo que permite tomar decisiones más informadas rápidamente.

Desafíos de la recopilación de datos digitales Si bien la recopilación de datos digitales ofrece muchas ventajas, también presenta algunos desafíos. Uno de los retos más importantes es la seguridad de los datos. Con más datos recopilados y almacenados digitalmente, existe un mayor riesgo de violaciones de datos y ataques cibernéticos. Las organizaciones deben implementar medidas de seguridad sólidas para proteger sus datos.

Otro desafío de la recopilación de datos digitales es la calidad de los datos. Si bien la recopilación de datos digitales puede ser más precisa que los métodos tradicionales, todavía está sujeta a errores y sesgos. Las organizaciones deben asegurarse de que sus procesos de recopilación de datos sean rigurosos y de que los datos se validen antes de su uso.

Ejemplos de recopilación de datos digitales

La recopilación de datos digitales se utiliza hoy en día en muchas industrias, desde la atención médica hasta el marketing. Estos son algunos ejemplos de cómo se está utilizando:

1. Atención médica: La recopilación de datos digitales se utiliza para monitorear la salud de los pacientes y recopilar datos sobre afecciones médicas. Los pacientes pueden usar dispositivos digitales para registrar sus síntomas, y los médicos pueden usar estos datos para diagnosticar y tratar afecciones.
2. Marketing: La recopilación de datos digitales se utiliza para recopilar información sobre el comportamiento del consumidor, como sus hábitos de navegación y su historial de compras. Estos datos se utilizan para desarrollar campañas de marketing específicas.
3. Finanzas: La recopilación de datos digitales se utiliza para analizar datos financieros, como los precios de las acciones y

los volúmenes de negociación. Estos datos se pueden utilizar para tomar decisiones de inversión informadas.

La recopilación de datos digitales ha revolucionado la forma en que recopilamos y analizamos datos. Ofrece muchas ventajas, como velocidad, eficiencia y precisión. Sin embargo, también presenta algunos desafíos, como la seguridad y la calidad de los datos.

Al implementar procesos sólidos de recopilación de datos y medidas de seguridad, las organizaciones pueden aprovechar el poder de la recopilación de datos digitales para tomar decisiones informadas y mejorar sus operaciones.

Análisis de datos digitales: estrategias y técnicas

En la era digital actual, la cantidad de datos que se generan cada segundo es asombrosa. Desde las redes sociales hasta el comercio electrónico, desde la búsqueda en línea hasta la tecnología portátil, hay un flujo interminable de datos que se crean, almacenan y analizan.

Con tantos datos a nuestra disposición, existe una creciente necesidad de estrategias y técnicas efectivas para analizarlos. En este capítulo, exploraremos algunas de las estrategias y técnicas clave para analizar datos digitales.

1. Define tus objetivos

Antes de embarcarte en cualquier proyecto de análisis de datos, es importante definir tus objetivos. ¿Qué estás tratando de lograr? ¿Está tratando de comprender el comportamiento de los clientes, optimizar las campañas de marketing o mejorar el desarrollo de productos?

Definir tus objetivos te ayudará a centrarte en los datos más relevantes y a evitar desviarte por información irrelevante.

2. Recopile y prepare sus datos

Una vez que hayas definido tus objetivos, el siguiente paso es recopilar y preparar tus datos. Esto implica recopilar datos de varias fuentes y limpiarlos para garantizar que sean precisos y coherentes.

Dependiendo del tipo de datos, es posible que deba utilizar diferentes herramientas y técnicas para limpiarlos y prepararlos. Por ejemplo, los datos de texto pueden requerir técnicas de procesamiento del lenguaje natural (NLP) para extraer información significativa.

3. Elija sus técnicas de análisis

Con los datos limpios y preparados, el siguiente paso es elegir las técnicas de análisis. Esto dependerá del tipo de datos que tengas y de los objetivos que tengas definidos. Algunas técnicas de análisis comunes incluyen:

- Análisis descriptivo: Consiste en resumir y visualizar los datos para obtener una mejor comprensión de sus características y tendencias.
- Análisis inferencial: Implica el uso de métodos estadísticos para sacar conclusiones sobre una población más grande en función de una muestra de datos.
- Análisis predictivo: Implica el uso de algoritmos de aprendizaje automático para hacer predicciones sobre resultados futuros basados en datos históricos.
- Análisis prescriptivo: Implica el uso de datos y algoritmos para hacer recomendaciones para acciones futuras.

4. Visualiza tus resultados

Una vez que hayas analizado tus datos, es importante visualizar tus resultados. Esto puede ayudarlo a comunicar sus hallazgos a otros y obtener una comprensión más profunda de los datos. Hay muchas herramientas y técnicas disponibles para visualizar datos, incluidos cuadros, gráficos y paneles interactivos.
Supervise y perfeccione su análisis

El análisis de datos es un proceso continuo, y es importante supervisar y perfeccionar el análisis a lo largo del tiempo. Esto puede implicar la revisión de sus objetivos, la recopilación de nuevos datos o el uso de diferentes técnicas de análisis. Al refinar continuamente su análisis, puede asegurarse de que siempre obtiene la información más valiosa de sus datos.

Informes de datos digitales: mejores prácticas para la precisión y la claridad

Con el auge de las tecnologías digitales y la creciente cantidad de datos generados por ellas, la presentación de informes de datos digitales se ha convertido en una habilidad esencial para empresas, organizaciones e individuos por igual.

Ya sea que esté informando sobre el tráfico del sitio web, la participación en las redes sociales o las cifras de ventas, presentar datos digitales precisos y claros es crucial para tomar decisiones informadas y lograr sus objetivos. En este capítulo, exploraremos algunas de las mejores prácticas para informar datos digitales a fin de garantizar la precisión y la claridad.

Define tus métricas

El primer paso para reportar datos digitales es definir sus métricas. ¿Qué es exactamente lo que quieres medir? Es importante ser claro y específico sobre tus objetivos, así como sobre las métricas que usarás para realizar un seguimiento de tu progreso. Por ejemplo, si está informando sobre el tráfico del sitio web, es posible que desee realizar un seguimiento de los visitantes únicos, las visitas a la página y la tasa de rebote.

Si está informando sobre la participación en las redes sociales, es posible que desee realizar un seguimiento de los me gusta, las acciones, los comentarios y el crecimiento de seguidores. Al definir sus métricas por adelantado, evitará confusiones y se asegurará de que todos los involucrados en el proceso de informes estén en la misma página.

Elija las herramientas adecuadas

Una vez que hayas definido tus métricas, tendrás que elegir las herramientas adecuadas para recopilar y analizar tus datos. Hay muchas herramientas disponibles, desde opciones gratuitas como Google Analytics y Hootsuite hasta herramientas de pago más avanzadas como SEMrush y Sprout Social.

Asegúrate de elegir una herramienta que se alinee con tus objetivos y presupuesto, y que pueda proporcionarte el nivel de detalle y análisis que necesitas.

Presentar los datos de forma clara y precisa

Al presentar datos digitales, es importante que sean claros y precisos. Evita la jerga y los términos técnicos que puedan confundir a tu audiencia. En su lugar, utiliza un lenguaje sencillo y ayudas visuales como tablas, gráficos e infografías para que los datos sean más fáciles de entender. Asegúrese de etiquetar sus ayudas visuales claramente y proporcionar contexto cuando sea necesario.

Verifique la exactitud de sus datos antes de presentarlos para evitar errores o equivocaciones que puedan conducir a decisiones equivocadas.

Proporcionar context

Los datos sin contexto pueden carecer de sentido, por lo que es importante proporcionar contexto al informar sobre datos digitales. Esto incluye información sobre el período de tiempo de los datos, cualquier cambio que pueda haber afectado a los datos y cualquier factor externo que pueda haber influido en los datos.

Al proporcionar contexto, ayudará a su audiencia a comprender la importancia de los datos y a tomar mejores decisiones basadas en ellos.

Interpretación de los resultados en los estudios de investigación

Comprensión de los hallazgos

Los estudios de investigación se llevan a cabo para responder preguntas y proporcionar información sobre diversos fenómenos.

Los resultados de estos estudios suelen presentarse en forma de tablas, gráficos o estadísticas. Sin embargo, interpretar los resultados de un estudio de investigación puede ser un desafío, especialmente para aquellos que no tienen experiencia en estadística o métodos de investigación. En este capítulo, discutiremos algunas pautas para interpretar los resultados de los estudios de investigación.

Comprender el diseño y la metodología de la investigación

El primer paso para interpretar los resultados de un estudio de investigación es comprender el diseño de la investigación y la metodología utilizada. Los estudios de investigación pueden ser experimentales o no experimentales, y la metodología puede variar en función de los objetivos del estudio.

Por ejemplo, un ensayo controlado aleatorizado (ECA) es un diseño experimental que se utiliza para probar la eficacia de una intervención, mientras que un estudio transversal es un diseño no experimental que se utiliza para examinar la prevalencia de una afección o comportamiento en particular.

La metodología utilizada también puede afectar a la interpretación de los resultados. Por ejemplo, si un estudio utilizó datos autoinformados, es importante tener en cuenta la posibilidad de que haya sesgos o informes inexactos.

Comprender el diseño de la investigación y la metodología utilizada es esencial para interpretar con precisión los resultados de un estudio.

Examinar los resultados en context

Es importante examinar los resultados de un estudio en contexto, teniendo en cuenta los objetivos del estudio, el tamaño de la muestra y la significación estadística. Por ejemplo, si un estudio tiene como objetivo determinar la prevalencia de una afección particular en una población específica, los resultados deben compararse con estudios anteriores que hayan examinado la misma cuestión.

El tamaño de la muestra del estudio puede afectar la interpretación de los resultados. Un tamaño de muestra mayor puede aumentar la fiabilidad de los hallazgos y disminuir la probabilidad de resultados aleatorios.

También es importante tener en cuenta la significación estadística de los resultados, que es una medida de la probabilidad de que los resultados se produjeran por casualidad.

Normalmente, un valor p inferior a 0,05 se considera estadísticamente significativo, lo que indica que es poco probable que los hallazgos se deban al azar.

Considere las fortalezas y limitaciones del estudio

Ningún estudio es perfecto, y es importante tener en cuenta las fortalezas y limitaciones del estudio al interpretar los resultados. Por ejemplo, un estudio puede tener un tamaño de muestra pequeño, lo que limita la generalización de los hallazgos a una población más grande. Alternativamente, un estudio puede haber utilizado una metodología particular que no es ampliamente aceptada, lo que limita la validez de los resultados.

Es importante considerar el potencial de variables de confusión, que son variables que pueden afectar la relación entre las variables que se estudian. Por ejemplo, es posible que un estudio que examina la relación entre el tabaquismo y el cáncer de pulmón no haya controlado otros factores, como la edad, el sexo o la exposición a toxinas ambientales.

Es importante tener en cuenta los puntos fuertes y las limitaciones de un estudio a la hora de interpretar los resultados y sacar conclusiones.

Consulte con expertos

Interpretar los resultados de un estudio de investigación puede ser un desafío, y es importante consultar con expertos cuando sea necesario. Por ejemplo, un estadístico puede ayudar a explicar conceptos estadísticos o analizar los datos, mientras que un experto en la materia puede proporcionar información sobre las implicaciones de los hallazgos.

Interpretación de los resultados en marketing

Comprensión de los datos

El marketing consiste en lograr el resultado deseado y, para ello, los profesionales del marketing deben medir sus esfuerzos e interpretar los resultados. En el mundo actual basado en datos, los profesionales del marketing tienen acceso a una gran cantidad de datos que se pueden utilizar para optimizar las campañas y mejorar el ROI.

Sin embargo, no basta con recopilar datos; Los especialistas en marketing deben comprender qué significan los datos y cómo usarlos de manera efectiva.

En este capítulo, discutiremos los elementos clave de la interpretación de los resultados en marketing y brindaremos consejos prácticos sobre cómo dar sentido a sus datos.

Define tus objetivos y métricas

Antes de que pueda interpretar sus datos, debe definir cómo se ve el éxito de su campaña de marketing. Comience por identificar sus indicadores clave de rendimiento (KPI) y determine qué métricas utilizará para realizar un seguimiento del progreso hacia sus objetivos.

Algunos KPI comunes en marketing incluyen el tráfico del sitio web, la tasa de conversión, el costo de adquisición de clientes y el valor de vida útil del cliente.

Una vez que haya definido sus objetivos y métricas, puede comenzar a recopilar datos y realizar un seguimiento de su progreso. Ten en cuenta que no todas las métricas son iguales, y algunas pueden ser más importantes que otras dependiendo de tus objetivos específicos.

Analice sus datos

Ahora que ha recopilado datos, es hora de analizarlos y dar sentido a los resultados. Empieza por buscar patrones y tendencias en los datos. ¿Hay picos o caídas en el tráfico del sitio web que coincidan con esfuerzos de marketing específicos? ¿Existe una correlación entre la participación en las redes sociales y la adquisición de clientes?

Una vez que haya identificado las tendencias, profundice en los datos para comprender qué está impulsando estas tendencias. Por ejemplo, si notas un aumento en el tráfico del sitio web, observa la fuente del tráfico para determinar qué canales están impulsando el aumento.

También es importante tener en cuenta los factores externos que pueden estar afectando a los resultados. Por ejemplo, un aumento repentino en las ventas puede deberse a una tendencia estacional o a un evento actual, en lugar de un esfuerzo de marketing específico. Al considerar estos factores externos, puede obtener una imagen más precisa de su rendimiento de marketing.

Tome decisiones basadas en datos

La interpretación de los resultados en marketing no se trata solo de comprender los datos; También se trata de usar esos datos para tomar decisiones informadas. Una vez que haya analizado sus datos, puede utilizar la información obtenida para optimizar sus esfuerzos de marketing y mejorar el ROI.

Por ejemplo, si observa que un canal de marketing en particular está generando mucho tráfico en el sitio web, es posible que desee asignar más recursos a ese canal. Si descubres que una determinada campaña no está funcionando bien, es posible que desees ajustar tu estrategia o probar un enfoque diferente.

Es importante recordar que los datos no son lo más importante. Si bien los datos pueden proporcionar información valiosa, use su juicio y considere otros factores al tomar decisiones de marketing.

La importancia de la lealtad del cliente en los negocios

Estrategias para construir y mantener una base de clientes leales

En el panorama empresarial altamente competitivo de hoy en día, la lealtad del cliente se ha vuelto más importante que nunca. Con tantas opciones disponibles para los consumidores, es esencial que las empresas construyan y mantengan una base de clientes leales. En este capítulo, discutiremos la importancia de la lealtad del cliente y proporcionaremos estrategias para construirla y mantenerla.

¿Qué es la fidelización de clientes?

La lealtad del cliente es el grado en que los clientes continúan eligiendo una marca o empresa en particular sobre otras.

Es una conexión emocional entre el cliente y la empresa que va más allá de las interacciones transaccionales. Es más probable que los clientes leales repitan sus compras, recomienden el negocio a otros e incluso lo defiendan de las críticas.

¿Por qué es importante la fidelización de clientes?

Hay muchas razones por las que la lealtad de los clientes es importante para las empresas. Estas son algunas de las razones clave:

1. Aumento de los ingresos

Es más probable que los clientes leales repitan las compras, lo que lleva a un aumento de los ingresos para el negocio.

2. Menores costos de adquisición

Adquirir nuevos clientes es caro. Al centrarse en la fidelización de los clientes, las empresas pueden reducir sus costes de adquisición y asignar mas recursos a otras áreas.

3. Defensa de la marca

Es más probable que los clientes leales recomienden el negocio a otros, lo que lleva a una mayor promoción de la marca y al marketing de boca en boca.

Estrategias para construir y mantener la lealtad de los clientes

1. **Proporcionar un excelente servicio al cliente**
   Los clientes que reciben un gran servicio tienen más probabilidades de convertirse en clientes leales. Asegúrese de que su equipo de servicio al cliente esté capacitado para brindar un servicio excepcional y pueda manejar cualquier problema que surja.

2. **Ofrecer un programa de fidelización**
   Los programas de fidelización son una excelente manera de recompensar a los clientes por su negocio repetido. Ofrece incentivos como descuentos, productos gratuitos o acceso exclusivo a eventos.

3. **Personaliza la experiencia del cliente**
   Los clientes aprecian una experiencia personalizada. Utilice los datos y la información para adaptar sus esfuerzos de comunicación y marketing a las necesidades y preferencias de cada cliente.

4. **Construya una identidad de marca sólida:**
   Una identidad de marca sólida puede crear una conexión emocional con los clientes, lo que lleva a una mayor lealtad.

Asegúrate de que el mensaje de tu marca sea coherente en todos los canales y resuene con tu público objetivo.

5. **Manténgase en contacto:**
   No dejes que tus clientes se olviden de ti. Manténgase en contacto a través de una comunicación regular, como boletines informativos por correo electrónico o actualizaciones de redes sociales.

6. **Mejorar continuamente**
   Escuche a sus clientes y mejore continuamente sus productos y servicios en función de sus comentarios. Esto demuestra a los clientes que valoras su opinión y te comprometes a ofrecer la mejor experiencia posible.

Construir y mantener la lealtad de los clientes es esencial para las empresas en el panorama competitivo actual. Al proporcionar un excelente servicio al cliente, ofrecer un programa de fidelización, personalizar la experiencia del cliente, crear una identidad de marca sólida, mantenerse en contacto y mejorar continuamente, las empresas pueden construir una base de clientes leales que ayudará a impulsar los ingresos y la defensa de la marca.

Recuerda, la lealtad del cliente es una conexión emocional que va más allá de las interacciones transaccionales, así que concéntrate en construir relaciones con tus clientes para crear lealtad a largo plazo.

Fin

El mundo del marketing es un panorama en constante evolución que requiere un delicado equilibrio entre arte y ciencia. Al concluir este libro, espero que haya adquirido ideas sobre cómo destacarse en un mercado abarrotado y que esté equipado con las herramientas que necesita para tener éxito.

El marketing no se trata solo de crear campañas y promocionar productos o servicios. Se trata de comprender a su público objetivo, crear una voz de marca única y brindar valor a sus clientes.

El arte del marketing radica en la elaboración de mensajes y elementos visuales que hablen a su audiencia, mientras que la ciencia del marketing está en medir el impacto de sus esfuerzos y mejorar continuamente su estrategia.

Uno de los principios clave del marketing es conocer a tu audiencia. Para destacar en un mercado abarrotado, debe tener un profundo conocimiento de las necesidades, deseos y puntos débiles de sus clientes.

Solo sabiendo lo que los motiva puedes crear mensajes y campañas que realmente resuenen.

Otro aspecto importante del marketing es desarrollar una voz de marca única. Su marca no es solo un logotipo o un nombre, es la personalidad y los valores que encarna su negocio.

Es lo que te diferencia de la competencia y crea un seguimiento leal entre tus clientes.

Al desarrollar una voz de marca fuerte que sea consistente en todos sus canales de marketing, puede generar confianza y credibilidad con su audiencia.

El marketing digital se ha convertido en un componente esencial del marketing moderno. Brinda a las empresas oportunidades sin precedentes para llegar e interactuar con su público objetivo. Desde el marketing en redes sociales hasta las campañas de correo electrónico, los canales digitales le permiten conectarse con sus clientes de formas nuevas y significativas. Al aprovechar las últimas herramientas digitales, puede crear campañas específicas que brinden resultados y aumenten la visibilidad de su marca.

En el abarrotado mercado actual, no basta con promocionar sus productos o servicios. Necesitas ofrecer un valor real a tus clientes.
Al crear contenido que eduque, entretenga e informe a su audiencia, puede establecer su negocio como una autoridad en su industria. Esto puede conducir a un mayor compromiso, lealtad y ventas.

Medir el impacto de tus esfuerzos de marketing es crucial para mejorar tu estrategia. Al analizar datos y métricas, puede identificar qué funciona y qué no.

Esto le permite tomar decisiones informadas sobre sus campañas de marketing y mejorar continuamente su enfoque.

Recuerde experimentar y probar continuamente su enfoque, mantenerse al día con las últimas tendencias y mejores prácticas, y siempre poner las necesidades de sus clientes en primer lugar.

¡Buena suerte!

¡Gracias!